AF452529

MÉMOIRES

POUR SERVIR A L'HISTOIRE

DES

EXPÉDITIONS

EN EGYPTE ET EN SYRIE,

PENDANT LES ANNÉES VI, VII ET VIII
DE LA RÉPUBLIQUE FRANÇAISE

MÉMOIRES

POUR SERVIR A L'HISTOIRE

DES

EXPÉDITIONS

EN EGYPTE ET EN SYRIE,

PENDANT LES ANNÉES VI, VII ET VIII
DE LA RÉPUBLIQUE FRANÇAISE.

PAR JACQUES MIOT,

Commissaire des Guerres à l'Armée d'Egypte.

Mes Mémoires ne sont qu'un simple ouvrage
de renseignemens pour l'historien.

AVANT-PROPOS.

A PARIS,

Chez DEMONVILLE, Imprimeur-Libraire,
rue Christine, nᵒ. 12.

AN XII — 1804.

AU GÉNÉRAL EN CHEF

MURAT,

GOUVERNEUR DE PARIS.

MON GÉNÉRAL,

Vous avez permis que votre nom fût placé à la tête de mon ouvrage : je regarde ce moyen que vous me donnez de manifester ma reconnaissance, comme une grace ajoutée à tout ce que vous avez bien voulu faire pour moi.

Accueilli par vous en Syrie, je partageais les douceurs et le bien être dont vous jouissiez quelquefois. C'est avec plaisir que je suis revenu sur une époque, où, du milieu des privations, la fortune, en vous souriant,

vous promettait ses plus brillantes faveurs.
Le tableau de nos malheurs passés, vous fera
apprécier plus vivement votre situation ac-
tuelle.

Ecrire l'histoire de nos Armées, c'est tra-
cer le sentier de la gloire ; mais pour trans-
mettre à la postérité la grandeur de leurs
triomphes , il faut peindre tout ce qu'elles
eurent à surmonter.

En lisant ces Mémoires , vous allez, mon
Général , parcourir encore une fois la car-
rière , dans laquelle , digne compagnon du
Héros qu'on admire , vous partagiez ses pé-
nibles et glorieux travaux.

J. MIOT.

Au camp de Boulogne le 25 germinal an 12.

AVANT-PROPOS.

J'ENTRAIS dans ma dix-neuvième année lorsque je partis pour l'Egypte. C'était ma première campagne. Assuré de descendre dans un pays inconnu pour moi, je me promis bien d'observer tout avec attention et de prendre des notes sur mes observations : je suivis mon plan avec assez d'exactitude.

Lorsque je revins en France, je pensais à réunir mes matériaux pour en composer un ouvrage. Outre le but que je me proposais de procurer à celui qui écrira un jour l'étonnante histoire de nos révolutions et de nos conquêtes, des renseignemens sûrs pour celle des deux expéditions d'Egypte et de Syrie, je me promettais une véritable jouissance de revenir, alors dans une situation plus heureuse, sur les momens les plus tristes de ma vie.

A peine fus-je de retour en France, qu'attaché au camp formé à Amiens, je suivis de nouveau le général Murat en Italie ; des courses continuelles ne me permirent pas de travailler.

Plusieurs ouvrages sur l'Egypte parurent.

1°. La relation des campagnes du général Bonaparte.

2°. Voyage en Egypte.

Je crus que je serais obligé de renoncer à mon projet.

Cependant, après avoir lu le premier ouvrage, je reconnus que le général Berthier avait bien tracé les événemens des deux campagnes, mais qu'il n'avait pu entrer dans mille détails curieux, y joindre des anecdotes précieuses, des mots remarquables du général en chef.

Le cit. Denon n'avait jamais suivi le quartier-général ; il avait parcouru le Delta et la Haute Egypte, et rendu compte de la marche des Français dans ces deux parties. Moi, au contraire, je n'avais presque point quitté Bonaparte, et en lisant ce second ouvrage, je vis, avec un nouveau plaisir, qu'il me laissait bien des choses à dire.

Je conçus donc encore l'espoir d'être utile, d'intéresser, et je pris la plume aussitôt que je fus plus tranquille.

Je divisai mes Mémoires en trois Livres ou Epoques distinctes.

Le premier comprenant le laps de tems, depuis le départ de Toulon jusqu'à l'expédition de Syrie.

Le second, l'expédition en Syrie.

Le troisième, le laps de tems, depuis le retour de Syrie jusqu'à mon arrivée en France après la convention d'El-A'rych.

J'ai cru ensuite devoir diviser ces Livres en Chapitres. Cette méthode est commode pour l'Ecrivain et offre des repos au lecteur. Maintenant qu'il veuille se rappeler mon âge, mon desir d'être utile, et peut-être me saura-t-il gré des efforts que j'ai faits pour retracer les malheurs et la gloire qui marchèrent long-tems ensemble sous les drapeaux français, dans les expéditions en Egypte et en Syrie.

Je ne me suis point étendu sur les mœurs, les coutumes et les monumens du pays ; tant d'Ecrivains, et particulièrement le citoyen Denon, ont déjà satisfait la curiosité sur tous ces points ! Quelques lecteurs, conformément à leurs goûts, à la science qu'ils préfèrent, se plaindront de ne point

trouver dans mes Mémoires les éclair-
cissemens qu'ils pourraient desirer,
sur la minéralogie, l'agriculture, la
topographie des lieux où nous passe-
rons ; tout enfin doit me faire craindre
que peu de personnes soient satisfaites
de mon travail ; mais est-ce en suivant
une armée qui se bat sans cesse, au
milieu des privations de tout genre,
lorsque j'avais des fonctions pénibles à
remplir, que je pouvais m'occuper des
Sciences et des Arts. Quand on peut se
dire tous les jours, avec probabilité,
je serai peut-être tué ce soir, peut-on
penser à écrire pour l'avenir ? Cet enthousiasme que j'avais pour ce qui pouvait m'instruire, avait peine à résister
aux dégoûts qui venaient souvent m'ob-
séder.

Souvent encore dans le désert, brûlé
par le soleil, je prenais ma plume,
et l'idée affligeante que peut-être je ne

jouirais jamais de mes travaux me la
fesait abandonner.

Je prie donc le lecteur de vouloir
toujours se souvenir de ces différentes
circonstances , et sur-tout de se rappeler que *mes Mémoires ne sont qu'un
simple ouvrage de renseignemens pour*
l'Historien.

J'ai suivi en partie , pour l'ortho-
graphe des noms arabes , celle du général
Berthier.

MÉMOIRES

POUR SERVIR A L'HISTOIRE

DES

EXPÉDITIONS

EN EGYPTE ET EN SYRIE.

LIVRE PREMIER.

Traversée de l'Armée. Débarquement à Alexandrie et séjour en Egypte jusqu'à l'expédition en Syrie.

CHAPITRE PREMIER.

Embarquement à Toulon. Prise de Malte.

Les troupes désignées pour une expédition secrète, préparée en France, en Italie; les noms des généraux qui les commandaient,

donnaient la plus grande idée de l'impor-
tance de cette expédition. Bonaparte, conquérant et pacificateur, Kléber et Desaix,
célèbres par des combats, par des victoires,
répandaient par-tout une confiance aveugle.
On avait choisi l'élite de nos troupes, et la
plupart des corps portaient ces numéros que
Bonaparte a rendus célèbres en les consignant
à la postérité. Il serait trop long de nommer
ici tous les officiers distingués rassemblés à
Toulon, Gênes et Civita-Vecchia.

L'armée ignorait encore les lieux où elle
devait porter ses armes ; c'est-à-dire, qu'elle
n'en était point instruite officiellement ;
mais tout lui faisait croire qu'elle allait en
Egypte.

Comme les esprits étaient agités ! que de
projets ! Des spéculateurs dévoraient l'avenir
pour grossir leur fortune. Quelques - uns
d'entr'eux sont morts de douleur et de cha-
grin ; d'autres, dont le moral a résisté aux
dégoûts, aux privations, se sont estimés
heureux de revenir sains et saufs. Chacun
concevait les plus beaux projets sur cette
expédition fameuse ; c'était de la gloire à
acquérir pour les uns, pour les autres de
la richesse ; et le Général en Chef laissait

échapper souvent des paroles qui flattaient l'ambition et l'espérance ; rien alors n'effrayait : enthousiasmés, étourdis par le tumulte qui accompagne ordinairement le départ d'une armée, à table, en riant, nous parlions des dangers, des privations qui nous attendaient : les dangers présentaient un moyen d'acquérir de la gloire et de l'avancement ; les privations ! nous n'aurions point de vin, mais nous en buvions alors ; peut-être n'aurions-nous point de femmes, mais nous n'en manquions pas encore ; tout le monde ne reverrait point son pays, mais chacun espérait qu'il serait assez heureux pour embrasser sa famille. Nous étions entraînés, séduits par ce besoin de la gloire ou du changement, qui fait toujours chercher le mieux pour attraper quelquefois le pire. Ainsi l'homme passe sa vie à desirer !

Cette flotte, superbement équipée, ces vaisseaux de transport qui couvraient la rade, exaltaient l'imagination ; quelques Français cependant, moins susceptibles d'émotion, se réjouissaient de ne point faire partie de l'expédition.

Dans les derniers jours de floréal an 6,

l'escadre légère sortit, et croisa devant l'entrée de la rade de Toulon.

Les troupes embarquées, la flotte et le
convoi mirent à la voile le 3o.

VAISSEAUX DE L'EXPÉDITION.

L'ORIENT, *à 3 ponts, beau vaisseau, monté
par l'amiral* BRUIES.

LE FRANCKLIN, *à deux ponts, beau vaisseau, chef de la deuxième escadre; contre-
amiral* BLANQUET.

LE GUILLAUME - TELL, *beau vaisseau,
chef de la troisième escadre; contre-amiral*
VILLENEUVE.

LE PEUPLE SOUVERAIN, *vieux vaisseau
arqué.*

LE GUERRIER.

LE CONQUÉRANT, *vieux vaisseau.*

LE TIMOLÉON.

LE SPARTIATE, *beau vaisseau.*

L'AQUILON.

LE TONNANT, *beau vaisseau.*

L'HEUREUX (1), *mauvais vaisseau.*

---

(1) *Nota.* Le cit. Denon, dans son ouvrage, au
récit du combat d'Aboukir, parle d'un vaisseau l'*Her-*

POUR LE CONVOI.

Le Dubois, *vaisseau vénitien.*

POUR L'HOPITAL.

Le Causse.

PRINCIPALES FRÉGATES.

La Diane.
La Junon.
La Justice.
La Courageuse.
La Sérieuse.
La Sensible, *armée en flûte.*
Des Bricks, des Mouches, et des Chaloupes canonnières.

L'état-major était à bord de l'*Orient.*

Les vaisseaux étaient encombrés jusque dans les haubans, où l'on voyait les roues

---

cule qui sa••• en l'air. Nous n'avions point de vaisseau de ce ••m dans la flotte, et c'est sûrement une erreur. Ce ne peut être que l'Heureux qu'on avait surnommé la Charrette dans l'armée, parce qu'il était mauvais voilier.

des canons embarqués, et les troupes étaient réparties sur les bâtimens de transport et sur les vaisseaux de ligne.

On m'a assuré qu'au départ de l'amiral, sa femme vint à son bord pour lui faire ses adieux, elle resta jusqu'au moment où on leva l'ancre ; elle versait des larmes ; l'amiral prit son fils, et l'embrassant tendrement, le rendit à son épouse, en lui disant : « Adieu, mon fils, c'est peut-être la dernière fois que je te presse contre mon cœur ». Tristes adieux ! pressentimens funestes qui se sont réalisés !

Cette anecdote me fut rapportée à bord de l'*Orient*.

Le vent était frais au moment où l'armée mit à la voile. L'*Orient* ne put abattre assez promptement ; se dirigeant, malgré lui, sur la montagne de la croix des signaux, il fut sur le point de s'échouer, et très-long-tems à se mettre en route. Il sortit dans la nuit du 3o floréal ou le premier prairial à la pointe du jour. Une frégate, moins heureuse que lui, n'avait pu s'arrêter et s'était échouée avant la sortie du vaisseau amiral.

L'armée passa quelques jours en vue de l'île de Corse. On attendait le convoi de

Civita-Vecchia, commandé par le général Desaix ; notre marche était superbe : je n'oublierai jamais ce coup-d'œil imposant.

La musique militaire se fesait entendre sur différens bords, et dans un tems calme produisait de grands effets.

Le soir, après son dîner, Bonaparte fesait jouer la musique de ses guides, toutes les fois cependant qu'elle n'était pas malade, et l'air qu'il affectionnait beaucoup était la marche des Tartares, de Kreutzer.

Le plus beau tems favorisait notre route ; l'armée se tenait, suivant les circonstances, au vent, ou sous le vent du convoi. Les changemens de position, les avis des bâtimens en découverte nécessitaient quantité de signaux, qui devenaient les nouvelles de l'armée ; ils étaient pour nous une sorte de spectacle et de sujets à conjectures.

Nous reconnûmes la Sicile, l'île de Pantelaria, et nous entrâmes dans le canal de Malte.

Le 20 prairial, nous tournâmes l'île de Gozo. Ici, après une alarme momentanée, le convoi de Civita-Vecchia nous joignit. Il était arrivé avant nous. L'on fit les préparatifs pour la descente dans l'île de Malte.

Les batteries maltaises tiraient sur nos vaisseaux, et semblaient vouloir s'opposer au débarquement. La résistance fut faible, nos troupes eurent bientôt repoussé jusque dans la Valette les postes qui en défendaient l'approche.

Le 22 prairial, je joignis le quartier-général à Bircarcara dans l'intérieur de l'île, et mangeai les premières oranges. Elles me firent grand plaisir. L'eau du bord était fétide, les approvisionnemens frais étaient épuisés ; une orange était une jouissance. La chaleur, déjà très-forte, commençait à nous importuner ; c'était un échantillon de celle que nous devions ressentir bientôt.

Desaix et son quartier-général étaient au village de Zeitme, à la gauche de la Valette.

Le général Marmont était descendu à la baie de Saint-Julien, et avait établi son quartier-général à Saint-Joseph.

La simple inspection des remparts de la Valette suffit pour convaincre qu'il était impossible de la prendre de vive force. Les momens étaient précieux, les Anglais pouvaient paraître ; vaincus ou vainqueurs, l'expédition eût été sûrement manquée. Continuer notre route sans prendre Malte,

était, sinon dangereux, du moins impo-
litique, soit par la facilité que nous laissions aux Anglais de s'en emparer, soit par
les ressources dont nous nous privions.

L'armée avait besoin de se rafraîchir ;
on pouvait craindre les maladies : quelques
jours de repos et des rafraîchissemens devenaient indispensables. Faire le siége de
la Valette était impossible ; on tenta les
négociations : elles réussirent. Le citoyen
Dolomieu, ancien membre de l'ordre, le
général Junot et le citoyen Poussielgue furent les négociateurs. Le grand - maître
Hompesch nous fit ouvrir les portes, et
après nous être emparés successivement des
forts environnants, le général Vaubois,
nommé commandant de Malte, fit son entrée dans la ville. Le drapeau tricolore remplaça la bannière maltaise.

Le 25, toute la flotte salua, sous voile,
par une décharge générale, le nouveau pavillon de Malte. Quel beau spectacle ! Je ne
me le rappelle point sans éprouver de vives
sensations. Nos vaisseaux annoncèrent ainsi
notre nouvelle victoire, et la chute d'un
gouvernement qui n'avait point éprouvé
de changement depuis 1530, que Charles-

Quint avait donné l'île à Villiers de l'Isle-Adam , grand-maître de l'ordre.

La flotte entra dans le port , et l'on voyait l'*Orient* et les autres vaisseaux de ligne à la portée du pistolet du quai ; elle reçut ordre de se tenir prête à mettre à la voile le premier messidor.

Je dois citer ici un mot heureux du général Caffarelly , commandant le génie de l'armée. Il se promenait avec Bonaparte autour des remparts de la Valette ; on admirait ses travaux extérieurs et formidables taillés dans le roc, l'on se récriait sur leur force : « Ah ! dit Caffarelli en s'adressant au « Général en Chef , il faut convenir , mon « Général , que nous sommes bien heureux « qu'il y ait eu du monde dans la ville pour « nous en ouvrir les portes ».

Ce qui frappe particulièrement dans l'île de Malte , c'est son terrain pierreux et arrangé en escaliers. La terre y est conservée précieusement dans des petits carrés entourés de pierres de taille qui y sont extrêmement communes. Toutes les maisons en sont construites , jusqu'à celle du plus pauvre. Elles ont toutes un air d'aisance remarquable , l'extérieur est toujours plus séduisant que l'intérieur, qui répond aux moyens du propriétaire. Presque toutes les maisons sont surmontées d'une terrasse et précédées d'une petite cour ordinairement garnie d'orangers qui charment l'odorat par leur parfum délicieux, réjouissent la vue par leurs aimables fleurs, et flattent le goût par leurs fruits succulens.

CHAPITRE II.

Route de Malte à Alexandrie. Prise d'Alexandrie.

LA flotte, partie de Malte le 30 prairial, se trouva le 7 de messidor en vue de l'île de Candie. Les vents de l'ouest, qui règnent dans cette saison, nous conduisaient directement à Alexandrie.

Le treizième jour de notre départ de Malte et le quarante-troisième de Toulon, nous apperçumes les minarets d'Alexandrie, et, sur la droite, la tour des Arabes.

La Junon était allée dans cette ville chercher l'agent français, et probablement prendre des renseignemens sur les Anglais.

Une frégate venait à petites voiles pour s'approcher de l'Orient, lorsqu'elle se rencontra avec le Dubois. L'Orient arriva sur les deux autres ; pour retarder sa marche et causer moins de dommages, le commandant fit jeter l'ancre. Le vaisseau amiral rompit son beaupré dans ce triple abordage. Le Dubois et la frégate perdirent des agrès et des voiles.

Mais quelle heureuse traversée ! Passer près de 43 jours en mer et ne pas rencontrer les Anglais ! O fortune ! que deviendraient les plus belles conceptions, que pourraient faire les plus grands génies sans toi qui couronnes ou poursuis les conquérans ?

Les anglais étaient arrivés avant nous à Alexandrie, et présumant que nous ferions notre débarquement à Alexandrette, ils avaient poussé leur marche jusqu'au fond du golfe.

On m'a assuré que les deux armées s'étaient croisées deux fois en route, et que, pendant la traversée, la nôtre avait fait deux branle-bas.

Le soir, avant la nuit, une partie des

troupes était débarquée près de la tour des
Arabes. Bonaparte descendit sur une galère
maltaise, et vint les joindre. La mer était
grosse. Au moment où le Général en chef
foula de son pied le sol égyptien, les croisières signalèrent une voile de guerre ; on
transmit cette nouvelle à Bonaparte qui
s'écria : « Eh ! quoi fortune m'abandonne-
« rais-tu déjà ? encore cinq jours seule-
« ment ! » On avait distribué sur les vaisseaux la proclamation suivante.

PROCLAMATION.

BONAPARTE, *Membre de l'Institut
national*, *Général en chef de l'armée
d'Egypte.*

SOLDATS,

« Vous allez entreprendre une conquête
« dont les effets sur la civilisation et le
« commerce du monde sont incalculables,
« vous porterez à l'Angleterre le coup le
« plus sûr et le plus sensible, en attendant
« que vous puissiez lui donner le coup de
« la mort.

« Nous ferons quelques marches fati-
« gantes , nous livrerons plusieurs com-
« bats , nous réussirons dans toutes nos
« entreprises , les destins sont pour nous.

« Les beys mameloucks qui favorisent
« exclusivement le commerce anglais , qui
« ont couvert d'avanies nos négocians , et
« tyrannisent les malheureux habitans du
« Nil , quelques jours après notre arrivée
« n'existeront plus.

« Les peuples avec lesquels nous allons
« vivre sont mahométans ; leur premier ar-
« ticle de foi est celui-ci : « Il n'y a pas
« d'autre Dieu que Dieu , et Mahomet est
« son Prophête ». Ne les contredites pas :
« agissez avec eux , comme vous avez agi
« avec les Juifs , avec les Italiens ; ayez des
« égards pour leurs muphtis et leurs imans ,
« comme vous en avez eu pour les rabbins
« et les évêques. Ayez pour les cérémo-
« nies que prescrit l'alcoran , pour les mos-
« quées , la même tolérance que vous avez
« eue pour les couvens , pour les synago-
« gues , pour la religion de Moyse et de
« Jésus-Christ.

« Les légions romaines protégeaient tou-
« tes les religions ; vous trouverez ici des

« usages différens de ceux de l'Europe, il
« faut vous y accoutumer.

« Les peuples, chez lesquels nous allons,
« traitent les femmes différemment que
« nous ; mais, dans tous les pays, celui
« qui viole est un monstre.

« Le pillage n'enrichit qu'un petit nom-
« bre d'hommes, il nous déshonore. Il dé-
« truit nos ressources ; il nous rend enne-
« mis les peuples qu'il est de notre intérêt
« d'avoir pour amis.

« La première ville que nous allons ren-
« contrer a été bâtie par Alexandre. Nous
« trouverons à chaque pas de grands sou-
« venirs dignes d'exciter l'émulation des
« français ».

Le 14, Alexandrie fut prise.

Pourrai-je rendre compte ici des diverses
sensations qui vinrent nous assaillir à notre
entrée dans cette ville ? Non : qu'on lise les
premières pages de l'ouvrage de Volney,
et l'on jugera de l'impression qu'ont pu
faire sur nous ces costumes, ces maisons à
fenêtres grillées, cette solitude, ce silence,
ces chameaux, ces chiens dégoûtants et
couverts d'insectes, ces femmes hideuses
tenant dans leurs dents le coin d'un voile

de grosse toile bleue pour nous cacher leurs traits et leurs seins noirâtres.

Le voyageur par terre, en sortant de son pays, rencontre des usages différens, mais il est amené par degré à cette transition. A quelques lieues de la ville qu'il ne quitta jamais, il entend un langage modifié, et les coutumes ne sont déjà plus les mêmes. Enfin, avant d'arriver au terme de son voyage, il est habitué aux changemens et se forme une idée assez juste de ce qu'il va voir.

Les sensations du voyageur par mer sont d'autant plus fortes qu'il y a plus de différence entre son pays et celui où il aborde. Il en a lu l'histoire, il a vu le dessin des sites, des costumes : eh bien ! tout ce qui s'offre à ses yeux n'a aucun rapport avec les idées qu'il s'était faites, et que son imagination avait embellies ou dépréciées.

A l'aspect d'Alexandrie et de ses habitans, la tristesse commença à s'emparer de quelques-uns de nous, et déjà, en pensant à la France, ils laissaient échapper un soupir et l'expression de vifs regrets.

Avant de suivre l'armée dans les déserts de Demenhour, conformément au but que je me suis proposé, je vais mettre ici les noms des généraux qui commandaient alors.

Napoléon BONAPARTE , Général en chef.

Le général Alexandre Berthier , chef de l'Etat-Major.

Iere DIVISION, avant-garde.

Desaix.

IIe. DIVISION.

Le général Reynier.

IIIe. DIVISION.

Le général Bon.

IVe. DIVISION.

Le général Menou , blessé à l'attaque d'Alexandrie , et remplacé par le général de brigade Vial.

Ve. DIVISION, arrière-garde.

Kléber , blessé à Alexandrie , et remplacé par le général de division Dugua.

CAVALERIE.

Le général de division DUMAS.

ARTILLERIE.

Le général de brigade DAUMARTIN.

GENIE.

Le général de brigade DUFALGUA-CAF-FARELLI.

Généraux de brigade de toute arme.

Les généraux MURAT, JUNOT, MARMONT, RAMPON, BÉLIARD, LANUSSE, DAVOUST, DAMAS, ANDRÉOSSY, LECLERC, MUIREUR, LANNES, FRIAND, FUGIÈRES, VERDIER, ZAYONCHECK, polonais, VEAUX, étaient répartis dans différentes divisions.

Les aides-de-camp du Général en chef étaient les citoyens DUROC, Louis BONAPARTE, CROISIER, SULKOSKY, polonais, JULIEN, Eugène BEAUHARNAIS et MERLIN.

CHAPITRE III.

Route d'Alexandrie au Caire. Prise du Caire.

Le 17 messidor, la division Desaix était partie avec des guides pour se rendre sur les bords du Nil, en passant par Demenhour. Les autres divisions (excepté celle commandée par le général Dugua, qui alla s'emparer de Rosette) suivirent la première, et notre route fut bientôt tracée par les pas des hommes, des chevaux, par les roues des canons, et par des cadavres.

C'est alors que commencèrent nos souffrances.

Dans le court trajet de la tour des Arabes à Alexandrie, des soldats se croyant, comme en Europe, en sûreté derrière la division, marchaient à quelque distance d'elle ; plusieurs furent massacrés par les Arabes, qui approchaient les troupes à cent pas. Ce ne fut donc qu'à quelques lieues dans le désert que nos soldats reconnurent le danger qu'il y avait à s'éloigner trop des colonnes. On les vit bientôt marcher dans le plus grand ordre. Cependant les exemples affreux que nous avions sans cesse sous les yeux ne purent garantir bien des infortunés, qui furent encore par la suite les victimes de leur imprudence.

Il est à propos de rendre compte ici d'un effet singulier qui fut ensuite expliqué, dans un ordre du jour, par l'institut d'Egypte.

Dans un tems calme, lorsque la mer est à peine ridée par les vents, les vaisseaux que l'on aperçoit à l'horizon semblent suspendus au-dessus de la mer. En Egypte, le désert nous paraissait rempli d'eau, et Demenhour une île. A une certaine distance les objets s'agrandissent et changent de formes; je me rappelle qu'entre Lacoubé et El-Hanka, dans les déserts qui avoisinent le Mokatam (montagne à laquelle est adossé le Caire), on envoya, un jour, un détachement pour reconnaître une cavalerie considérable qui accompagnait un convoi de chameaux plus considérable encore; c'étaient des Fellahs, qui conduisaient sur des ânes des provisions au Caire.

« Toutes ces illusions sont l'effet du mi-
« rage ».

. Le 19 messidor, à cinq heures du soir, le Général en Chef et son état-major quittèrent Alexandrie. Attaché à l'ordonnateur en chef Sucy, je suivis le quartier-général et je me promettais bien d'écrire jour par jour, la route et les événemens de l'armée. On marcha pendant la nuit, et on se reposa deux heures. Nous avions trouvé plusieurs cadavres sur notre chemin. Le Général en chef en fit visiter un, et malgré l'obscurité on sentit, au toucher des blessures, qu'il avait été tué par l'arme blanche.

Bonaparte avait la tête enveloppée d'un mouchoir, et plusieurs fois il frappa sur l'épaule du général Berthier, en lui disant d'un air content : « Eh bien , Berthier , « nous y sommes enfin ». Une demi heure avant l'aurore, près d'une colline, nous fûmes accueillis par une fusillade assez vive ; elle ne blessa heureusement que le cheval d'un guide ; nos troupes nous avaient pris pour des Arabes.

. Nous perdîmes à Demenhour le général Muireur. On m'a assuré qu'il commençait à éprouver ce dégoût que l'on appelait la maladie du pays, et dont quelques-uns ont

été les victimes. Il venait d'acheter un cheval, il voulut l'essayer, et sortit du camp;
les avant-postes l'engagèrent à ne pas trop
s'éloigner, il n'écouta pas ces sages avis;
après avoir fait quelques pas au galop, ce
général fut attaqué par des Arabes cachés
derrière des monticules de sable, qui le
massacrèrent et le dépouillèrent avant que
les postes fussent venus à son secours.

Je ne dois pas passer sous silence une
anecdote plaisante, et dont je voudrais quelquefois pouvoir entre-mêler le récit des malheurs qui nous accompagnèrent souvent
dans la brillante conquête de l'Egypte.

Le Français à la guerre, comme par-
tout ailleurs, sait concilier les devoirs et
les plaisirs; il porta dans les déserts, au
milieu des souffrances, son caractère quelquefois trop confiant, et toujours gai et
loyal.

Pendant le séjour à Demenhour, la troupe
ne vivait que du biscuit apporté d'Alexandrie. L'ordonnateur en chef voulut lui procurer du pain frais. Il chargea deux commissaires des guerres, dont un parlait fort
bien arabe, de visiter les maisons de Demenhour, et de faire enlever tout le grain

qu'ils trouveraient. Une escorte les suivait ; ils commencèrent leur expédition par la maison du cheikh - el - beleht , le chef du village.

Après avoir parcouru plusieurs chambres pauvrement meublées , pendant que les soldats cassaient les cruches du cheikh pour s'assurer qu'elles ne contenaient point de bled , ils arrivèrent dans une cour d'où partait un mauvais escalier , sans rampe, qui conduisait à une plus mauvaise chambre encore , sans fenêtre. C'était dans cet asile que s'étaient réfugiées trois femmes noires , composant le sérail du vieux cheikh-el-beleht. La rencontre était heureuse quoique ces négresses ne fussent pas d'ailleurs fort jolies , mais dans le désert on devient moins difficile. Les deux commissaires des guerres triomphaient déjà ; ils pensaient qu'ils pourraient se vanter d'avoir eu en Egypte peut-être la première aventure amoureuse. Quelques instans suffirent pour les détromper.

Le cheikh , peu tranquille sans doute sur les principes d'honneur et de vertu de son sérail , pour le protéger contre les entreprises des Français , avait barricadé ses trois.

femmes avec de formidables ceintures de fer ; toute entreprise eût été vaine. Ceux-ci crurent bien se venger, en rendant en mauvaise humeur, au vieux cheikh, les désagrémens que sa cruelle prévoyance leur fesait éprouver.

Le 22, l'armée se mit en marche pour Rhamanié. Le quartier - général partit le dernier, et dans cette circonstance encore, la fortune de Bonaparte le sauva du plus grand danger. Nous suivîmes pendant long-tems une élévation de terrain qui nous déroba à la vue des Mamloucks, qui attaquèrent la division Desaix. S'ils nous eussent aperçus, notre situation eût été extrêmement embarrassante. Le général n'avait, avec les officiers de son état-major, qu'un petit nombre de guides : *Il faut croire au fatalisme !*

Arrivés à Rhamanié, l'armée se jette toute entière dans le Nil ; comment peindre au lecteur le tableau de plusieurs milliers de soldats se précipitant tout habillés dans les eaux du fleuve bienfaisant qui féconde l'Egypte ! Ils trouvaient enfin à satisfaire le desir impérieux qui les avait tourmentés pendant quatre jours.

Avec quelle avidité, au sortir du désert, on attache son regard sur la verdure qui borde le Nil! les ordres les plus sévères, ni les rappels des tambours, ni les cris des officiers ne pouvaient retenir le soldat. Il fallut que la satiété succédât au besoin le plus pressant. Quel tumulte! quelle gaîté! Ah! qu'un instant de jouissances fait oublier des momens malheureux!

Spectacle impossible à rendre, et dont, pour s'en faire une idée, il faut avoir éprouvé tout ce que font souffrir un soleil brûlant, une soif dévorante, un sable mouvant qui fuit sous vos pieds, la blancheur des déserts qui éblouit les yeux!

Avec quel plaisir on apprit qu'on ne quitteroit plus ces bords chéris! Lorsqu'on les perdait de vue, l'inquiétude que l'on montrait ne peut se comparer qu'à la sollicitude d'un enfant momentanément séparé de sa mère.

A peine étions-nous arrivés à Rhamanié, que les Mamloucks nous approchèrent; on se rangea en bataille devant le village. Le général Murat, à la tête d'un escadron de cavalerie, leur offrait un engagement. Ils passèrent quelques heures à nous examiner, à galopper, mais ils n'entreprirent rien. Cette affaire, quoique peu importante, donna de la confiance au soldat.

La flotille, partie d'Alexandrie, nous joignit à Rhamanié, ainsi que la division Dugua, qui était allée s'emparer de Rosette.

L'armée, disposée dans l'ordre noté dans le premier chapitre, se mit en marche, et le 24 au soir le quartier-général rejoignant l'avant-garde, arriva à un village près celui de Chébreisse, où les Mamloucks s'étaient retirés.

Quoique l'obscurité ne permît point de prendre, aussi bien qu'on l'aurait voulu, les dispositions nécessaires pour fortifier notre position, néanmoins on chercha à se garantir de toute surprise de l'ennemi, et bientôt l'armée harassée fut plongée dans le sommeil.

Je dois ici un hommage aux pastèques (en italien *coçomeri.*), qui nous ont fait tant de plaisir, et par leur fraîcheur, et par la douce boisson qu'ils nous offraient! L'excès en est cependant dangereux, et ceux qui en mangèrent avec trop d'avidité furent très-malades; quelques soldats même moururent du relâchement continuel que causent ces melons d'eau.

Le 25 messidor, à la pointe du jour, on reconnut la position du village, où nous avions bivouaqué. Il était composé de deux monticules couverts de cabanes de terre, qui laissaient entr'elles un espace assez considérable. Aussitôt que le soleil fut levé, les Mamloucks sortirent de Chébreisse, situé plus haut que nous sur le rivage du Nil. Bientôt des coups de canon, auxquels on répondit sur le fleuve par un feu très-vif, nous apprirent que notre flotille était arrêtée par des batteries établies sur terre, et par des djermes armées qui avaient descendu le Nil à sa rencontre.

Le Général en Chef aurait voulu sûrement pouvoir marcher sur-le-champ au secours de notre flotille; mais les ennemis nous entouraient, notre position était excellente, et nous eussions desiré être attaqués.

Les Mamloucks firent paraître plusieurs fois l'intention de nous charger, mais ils arrivaient au grand galop, tiraient quelques coups de carabines, et se retiraient avec la même précipitation. Quelques obus tombés parmi eux les déterminèrent à s'éloigner. Ils ne connaissaient pas l'effet de ces boulets qui éclataient dans leurs rangs. Quelques-uns de nos soldats guettant les fanfarons, quittaient les rangs pour courir sur eux, comme un chasseur sur le gibier; ce manége leur réussit quelquefois, et le pillage des Mamloucks devenait la récompense de la témérité. Nos ennemis, par leurs brillantes armes, par la beauté de leurs chevaux, par la variété des couleurs de leurs vêtemens, rappelaient · l'armée de Darius, tandis que nos guerriers, simples, avec leurs gros fusils, leurs sacs sur le dos, rappelaient celle d'Alexandre-le-Grand.

Nous quittâmes Chébreisse, après nous être emparés des batteries des Mamloucks et de cinq mauvaises pièces qu'ils y avaient abandonnées; l'armée se forma en un vaste bataillon carré, et marcha, dans cet ordre, sur l'ennemi, il disparut bientôt à nos yeux, et le mirage, la poussière nous le dérobèrent entièrement.

La flotille avait été fort endommagée, les Mamloucks, après avoir pris une de nos djermes, avoir massacré ceux qui la montaient, l'avaient abandonnée.

Le Général en chef fit alors passer dans le Delta la cavalerie qui n'était pas montée. Elle devait nous suivre dans notre marche, et camper sur l'autre rive en face de nous.

Nous bivouaquâmes la nuit suivante dans un village à quatre lieues de Chébreisse. Les vivres étaient devenus plus rares, nous n'avions pas mangé de pain depuis long-tems, les paysans et les Mamloucks avaient fait passer dans le Delta tous leurs bestiaux ; lait, poules, pigeons, lentilles, féves, nous achetions tout ; mais il fallait vivre sans pain, et sans lui, la meilleure chère ne peut plaire aux Français.

L'ordonnateur, inquiet sur le sort de l'armée, proposa de se rendre lui-même à bord de la flotille, de pourvoir ainsi, en suivant l'armée, avec l'aide de 1400 hommes de cavalerie qui étaient dans le Delta, aux moyens de subsistance qu'il comptait trouver plus facilement et plus abondamment sur la rive droite du Nil. Mais il n'avait pas pensé que la flotille était à la disposition des vents, que les eaux, peu élevées encore, ne lui permettaient pas de marcher rapidement, qu'elle s'engravait souvent, et que la cavalerie à pied ayant ordre de suivre toujours la marche de l'armée, ne s'arrêterait pas pour l'attendre. L'ordonnateur ne céda pas à ces diverses observations, et espérant tout concilier, il s'embarqua. D'ailleurs le voyage sur le Nil lui offrait moins de fatigues à surmonter ; et ce motif fut aussi le plus fort. Le lendemain nous laissâmes la flotille très-en arrière, et nous la perdîmes de vue.

Depuis Chébreisse, nous ne vîmes plus les Mamloucks ; les paysans rapportaient qu'ils s'étaient retirés dans une position formidable.

Le 29, nous bivouaquâmes à Térané, et la division Desaix était le même soir à Ouardân. Je sommeillais profondément dans la tente de l'ordonnateur en chef, quand je fus éveillé brusquement : c'était l'ordre de partir sur-le-champ. Jamais ordre n'arriva plus mal-à-propos, et je le reçus d'assez mauvaise humeur. Je me levai cependant ; une remarque me consolait un peu, c'est que je n'avais point de toilette à faire : depuis mon départ d'Alexandrie, je n'avais jamais reposé que sur la terre, dans mon manteau, et toujours habillé.

Le Général en chef venait d'ordonner que

tout ce qui compose l'administration d'une
armée, commissaires des guerres, hôpitaux,
boulangers, bouchers, constructeurs, eussent à partir sur-le-champ pour aller rejoindre la division Desaix au village d'Ouardân. Nous voilà réunis, les uns à cheval,
les autres sur des ânes, et l'escorte à pied,
bien plus mécontente que nous encore,
jurant et pestant horriblement.

Un adjudant-général commandait ce peloton, peu militaire et indiscipliné. Je montais un fort beau cheval que mon frère,
ambassadeur auprès du roi de Sardaigne,
m'avait donné pour faire l'expédition. La
pauvre bête, qui avait quitté une existence
bien douce pour suivre le train des armées,
se ressentait déjà des fatigues et de la mauvaise nourriture ; elle supporta cependant
cette nouvelle contrariété avec courage.

A peine avions-nous passé les avant-postes
des divisions restées à Térané, que la lune
se coucha et nous laissa dans une obscurité, non très-profonde, mais plus dangereuse pour des esprits inquiets, puisque
la clarté du firmament, toujours pur, nous
laissait entrevoir les objets sans les distinguer, et que l'imagination les représentait

souvent comme des Arabes ou des Mamloucks prêts à nous surprendre et à nous
massacrer. Nous n'avions point de guides;
le Général en chef avait dit à l'adjudant-
général qui nous commandait : « Ouardân
« est sur le bord du Nil, vous n'avez qu'à
« le suivre jusqu'à ce que vous soyez re-
« connus par les postes de la division ».
D'après cet ordre, nous suivions exactement le rivage. Notre escorte, composée
de quelques hommes murmurant toujours,
finit par éclater. Jetant gibernes et fusils
par terre, les soldats s'écrièrent qu'ils
étaient abîmés de fatigue, qu'ils ne pouvaient plus marcher. On voulut les haran-
guer, les réprimander, rien ne put les
déterminer. Il fallut que les boulangers,
les bouchers, quittassent leurs ânes, et
prissent les fusils et les gibernes. Le calme
revint pendant quelques instans, et nous
marchâmes dans le plus grand désordre,
mais dans le plus grand silence. Le tems
que l'on passait ainsi dans les souffrances
et dans l'inquiétude, semblait avoir perdu
sa vîtesse. Personne, même les plus babil-
lards, ces fameux conteurs d'histoires n'ou-
vraient que rarement la bouche, et c'é-

tait pour proférer des juremens épouvantables, des malédictions sur les *savans*.

Il faut expliquer ici cette espèce de fureur
qui animait les soldats contre les savans :
ils s'étaient persuadés que Bonaparte avait
été trompé par eux, qu'enfin c'était à eux
que l'on devait l'expédition d'Egypte, et
par conséquent les maux qui nous acca-
blaient. L'attente des richesses, les images
riantes qu'on s'était formées, disparaissaient
à l'aspect des privations, et l'espoir de ra-
conter un jour ses malheurs, soutenait à
peine le courage. C'étaient donc les savans
qui avaient préparé, causé le voyage en
Egypte ; la haine et les préventions du soldat
s'étaient tournées contr'eux. Toutes les fois
qu'ils rencontrèrent un Français, non revêtu de l'habit militaire, ils l'appelèrent
savant ; enfin le commis aux distributions
voulait-il expliquer la différence des mesures du pays avec les nôtres, c'était un
savant : ces plaisanteries rappelaient quelquefois la gaîté dans les troupes.

Après avoir marché quelques instans, le
murmure s'éleva de nouveau parmi les ouvriers, les boulangers, etc. Un d'entr'eux
laissa échapper une parole qui çausa le plus

grand trouble : peut-être , cria-t-il , nous
avons dépassé Ouardân , et nous allons tomber dans les mains des Mamloucks? Il y a
plus de quatre heures que nous marchons ,
dit un autre ; il faut retourner au camp ,
crie un troisième ; et de suite toute la
cohue : oui , oui , il faut retourner. On fut
obligé de s'arrêter ; personne ne voulait plus
avancer, et le désordre devint général. La
réflexion du premier orateur avait frappé
les esprits , et de fait , le Général en chef
pouvait s'être trompé , Ouardân n'être pas
sur le rivage , et peut-être avions-nous dépassé les avant-postes de la division Desaix ,
trop éloignée pour nous avoir aperçus. Des
feux qui s'éteignaient , et que nous rencontrâmes quelques pas plus loin en assez grand
nombre , confirmèrent nos gens dans la cer-
titude de notre malheur. Les nuits sont
courtes en Egypte , et à la pointe du jour ,
nous allions , disait-on , tomber entre les
mains des Mamloucks. Ces feux étaient les
leurs ; donc ils ne pouvaient être loin.
L'adjudant-général céda aux clameurs de
cette troupe peu militaire : on s'arrêta ; et
pendant que les autorités du convoi dis-
cutaient les mesures à prendre dans une

circonstance aussi critique , on plaça des avant-postes pour protéger la halte.

Pendant ce fameux conseil , les uns s'é-taient couchés; les autres, en silence , cal-culaient les moyens d'échapper aux dangers prétendus qui nous menaçaient : à l'espoir de retourner au camp , où seulement ils voyaient leur salut , succédèrent les plus vives alarmes. Les sentinelles avancées qu'on avait placées pendant les conférences, se replièrent sur nous en criant : aux armes. On avait entendu des chevaux ; c'étaient les arabes. On se mit en défense, on se rap-procha un peu , on commanda le silence nécessaire dans cette circonstance.... mais rien ne parut, et l'alerte était fausse.

Après une longue conférence , il fut ré-solu qu'on céderait aux desirs de la majo-rité , et l'adjudant-général consentit à re-tourner au camp. Nous voilà revenant sur nos pas ; l'assurance de rejoindre les troupes avait commencé à faire parler , même les moins hardis : on marchait plus vîte ; nos soldats seuls se traînaient toujours avec peine , et restaient derrière nous. Cette longue ligne s'était à peine développée , que de nouveaux cris nous frappent ; les in-

quiétudes revinrent : la tête de la colonne
arrêtée ignorait encore ce qui s'était passé
à la queue ; nous nous y transportâmes sur-
le-champ , nous trouvâmes les traîneurs qui
avaient saisi deux hommes nus comme la
main , sur les corps desquels ils avaient
marché sans les voir. Ces deux coquins ,
qui n'étaient probablement que des voleurs ,
comme beaucoup par la suite se sont introduits dans nos camps la nuit, devinrent
nos guides et nos libérateurs. L'interprète
qui était parmi nous leur promit la vie ,
d'après l'ordre de l'adjudant-général , s'ils
nous conduisaient à Ouardân , qui ne devait pas être éloigné. Ils le jurèrent ; mais
les têtes n'étaient pas plus tranquilles , et
les soupçons les agitaient encore. « Ils vont
» peut-être nous trahir, nous mener à l'en-
» nemi , disaient quelques-uns » : raisonnement peu fondé , puisque ces paysans
étaient assurés de recevoir la mort s'ils nous
trompaient. Après avoir marché encore pendant quelques instans , nous arrivâmes heureusement à Ouardân , que nous n'avions
pas passé , mais qui n'était pas précisément
sur le bord du fleuve.

L'armée , réunie le 3o à Ouardân , s'y repose le 1er. et le 2 thermidor : les soldats préparent leurs armes.

Le 3, toute l'armée s'achemina vers le Caire; elle fit route environ deux heures sans rien voir. Au bout de ce tems, on distingua quelques cavaliers, dont le nombre s'augmenta insensiblement; ils se repliaient à mesure que nous avancions : à deux heures après midi, on s'arrêta dans un champ de pastèques, qui fut bientôt ravagé. Depuis quatre heures du matin nous marchions, mais nous apercevions le Caire, et sa vue nous offrait la fin de nos peines. Ainsi que Bonaparte en était instruit, les Mamloucks s'étaient retranchés à Embabé, village situé devant Boulac : lorsque les divisions l'eurent entouré, elles marchèrent presque toutes en même tems dessus.

L'affaire fut bientôt décidée, la redoute emportée, et tout ce qu'elle renfermait au pouvoir de nos troupes, qui oublièrent dans ce moment qu'elles étaient sur pied depuis quatre heures du matin, et qu'elles avaient faim. Les soldats couraient tous : alors l'espoir d'un riche butin avait ranimé leurs forces ; Embabé fut couvert d'ennemis. Des Mamloucks, qui voulurent se sauver

par le Nil, se noyèrent ; au milieu des
cadavres, on vendait des chevaux, des
armes, des vêtemens, des chameaux ; le
champ de bataille était devenu le marché,
où chacun venait demander ce qu'il desirait. Chaque soldat vantait le prix de l'objet
qu'il offrait à acheter, la légéreté du cheval
qu'il avait arrêté. Quelle confusion ! quel
tableau ! c'était la joie la plus bruyante dans
le silence de la mort : les uns mangeaient,
buvaient ; d'autres se couvraient la tête
d'un turban encore ensanglanté : celui-ci
revêtait une pelisse, c'était son trophée ;
il l'avait conquise au péril de sa vie : personne ne pensait plus aux souffrances de
la route.

La division du général Bon resta sur le
théâtre de ses exploits ; le quartier-général
vint coucher à Gizeh, vis-à-vis le vieux
Caire et l'île de Rhoda.

Bonaparte descendit de cheval à Embabé,
et vint à pied jusqu'à Gizeh ; le contentement était peint sur sa figure. La division
Desaix avait dépassé Gizeh.

Ibrahim-Bey, sur la rive gauche du Nil,
décampa le même soir, et incendia, en se
retirant, presque toutes les barques qui

étaient sur ce fleuve. Cet incendie pendant la nuit, et le souvenir de la journée, ne permettaient de se reposer que sur l'idée de la destruction. Cette affaire décida du sort de l'Egypte. Mourad - Bey, avec les Mamloucks échappés à nos coups, s'enfuit dans la Haute-Egypte, et vécut, pendant deux ans, errant et fugitif, tantôt dans le désert, tantôt dans les villages que nous avions quittés.

Voilà donc cette ville chérie des Mamloucks, abandonnée par eux. Pouvaient-ils s'imaginer que ce fût d'une contrée éloignée de la leur de plus de cinq cents lieues, que partirait le coup qui devait les chasser de leurs palais, abolir leur règne, anéantir leurs pouvoirs?

Le combat d'Embabé fut appelé par Bonaparte, bataille des Pyramides, parce qu'il fut donné en leur présence.

Une division passa le Nil le lendemain, et fit son entrée au Caire. Je revins à Embabé pour m'y embarquer, et je trouvai, cette fois, nos soldats occupés à pêcher avec des crochets, dans le Nil, les cadavres qui y étaient tombés. Mon cheval frémissait entre mes jambes, et répugnait à mettre

4..

son pied sur les morts : ses précautions pour marcher m'auraient diverti, si le spectacle que j'avais sous les yeux ne m'eût disposé, au contraire, aux réflexions les plus tristes.

J'entrai au Caire le même jour; j'y mangeai de fort beau pain blanc. Je couchai dans une chambre sur une fort belle natte, mais mon sommeil ne fut point encore tranquille; mon sang était trop échauffé, et j'étais devenu un peu somnambule.

CHAPITRE IV.

Expédition de Saléhieh. Combat d'Aboukir. Retour au Caire.

JE restai au Caire plusieurs jours, et je commençais à m'y bien trouver, lorsqu'il fallut que je partisse de nouveau; je n'avais pas eu encore le tems de visiter la ville ni ses environs, mais j'espérais y revenir bientôt.

Le général de brigade Leclerc sortit du Caire le 15 thermidor pour aller en recon-

naissance sur la route de Balbeis, où Ibrahim-Bey s'était retiré avec ses Mamloucks.
Le corps de troupes que commandait le général Leclerc, était composé d'un bataillon,
de trois compagnies de grenadiers, de cent
cinquante hommes de cavalerie, tant dragons que hussards, et de deux pièces lé-
gères. Il était cinq heures du matin quand
nous laissâmes le Caire ; nous traversâmes
la ville des Tombeaux, et nous arrivâmes
à Lacoubbé, où bivouaquait la division du
général Regnier. Le Général prit dans cette
division l'infanterie et l'artillerie qui lui
étaient nécessaires, et nous fîmes notre
route en côtoyant les terres labourées, et
laissant à notre droite le Mokattam. Le 16,
nous arrivâmes à El-Hanka, sans avoir rencontré l'ennemi : nous comptions garder
long-tems cette position, et je m'occupai
de tout ce qui pouvait assurer la subsistance de nos troupes ; je fis construire des
fours. Les troupes, trop peu nombreuses
pour occuper le village qui était considérable, bivouaquèrent dans des jardins d'orangers. Nous vivions assez paisiblement, mais
il était impossible que nous restassions long-
tems dans cette inaction. La nuit du 17,

je m'étais couché sous un drap qui me servait de tente : mon chameau, portant mes
légers bagages, était attaché quelques pas
devant moi. Je dormais d'un sommeil agité,
lorsque ce maudit animal me réveilla d'une
manière tout-à-fait neuve. Je me levai mé-
content, et voulant le punir, je le pris par
son espèce de licol, et de ma main droite
lui donnai quelques coups de poing dans
les côtes pour le faire avancer. Mon chameau, contrarié parce que je le dérangeais,
prit ma main gauche entre ses dents; et me
secouant de toute la longueur de son cou,
me fit bientôt lâcher prise, et tomber par
terre en poussant des cris douloureux qui
éveillèrent tout le camp. On ne savait trop
ce que c'était. On me conduisit dans la tente
du Général : j'étais couvert de sang; les
chirurgiens me pansèrent. J'avais au bras
quatre blessures considérables, mais heureusement rien de fracassé. Le général
Leclerc, qui m'aimait beaucoup, ne voulut
plus que je quittasse sa tente. Le lendemain,
à la petite pointe du jour, nous fûmes attaqués, et je fus obligé de monter à cheval
avec mon bras en écharpe.

Les Mamloucks, les Arabes, et tous les

paysans des villages voisins, s'étaient réunis contre nous ; leur nombre ne pouvait se calculer. Pendant qu'on nous attaquait au dehors, les habitans du village se révoltaient dans leurs murs ; ils assassinèrent quelques-uns des ouvriers, et détruisirent les fours que j'avais fait construire.

Nos ennemis avaient plutôt l'air de bêtes féroces que de guerriers ; ils poussaient des hurlemens affreux, accompagnés de bruit de tambours, auquel se mêlaient par fois les coups modestes de nos petites pièces, qui cependant les effrayaient beaucoup. Le général Murat était à Kélioub, entre le Nil et nous. Il entendit notre canon, et prévint sur-le-champ le Général en chef de l'embarras dans lequel nous pouvions nous trouver.

Depuis le jour jusqu'à quatre heures du soir, cette troupe de fanatiques nous tint sans relâche sous les armes ; la plaine en était couverte. Ils étaient armés de toutes les manières, de piques, de bâtons, et au milieu de cette vile populace l'on distinguait les Mamloucks brillant toujours par l'éclat de leurs armes et par leurs vêtemens diversifiés. L'ennemi n'osa nous charger. Comme nos deux petites pièces allaient tantôt d'un côté, tantôt d'un autre, ils s'imaginèrent que nous avions de l'artillerie sur tous les points, et se déterminèrent alors à se retirer, après avoir fait de vaines tentatives.

Les avant-postes rapportèrent, le même soir, au général Leclerc, que l'ennemi ne s'était point éloigné, ainsi que nous l'avions cru; il s'était couché dans les herbes qui étaient devant le village, et se promettait sûrement de nous attaquer le lendemain avec plus de fureur encore. Peut-être ne se croyait-il point assez fort dans ce moment? peut-être attendait-il du renfort pour le matin?

Nous n'avions pu garder entièrement le village, mauvaise position d'ailleurs, et il était à craindre que nous ne fussions obligés de l'abandonner tout-à-fait, s'il fallait combattre de nouveau. Notre infanterie avait usé ses munitions; la cavalerie même qui n'avait pu agir, lui avait distribué les siennes; nos pièces n'étaient pas mieux approvisionnées. Le général consulta les chefs des troupes, et la saine prudence, qui accompagne toujours le vrai courage, ordonna de battre en retraite.

Le soir, à 9 heures, nous quittâmes notre bivouac sans tambours, ni trompettes.

Nous n'étions qu'à une lieue d'El-Hanka, lorsque notre avant-garde aperçut, dans l'obscurité, des cavaliers ; on s'arrêta, et nous reconnûmes avec joie l'aide-de-camp Sulkowski, qui venait avec trente guides pour nous annoncer du secours.

Le 18 au soir, le Général en chef avait reçu l'avis que lui avait transmis le général Murat. Les coups de canon tirés par nos troupes pendant toute la journée, prouvaient assez que nous étions attaqués. Il était instant de nous tranquilliser, et Sulkowski avait reçu l'ordre de parvenir jusqu'à nous, et de nous annoncer l'arrivée de la division Regnier. Notre division passa la nuit à un village à deux lieues d'El-Hanka, où le général Regnier nous joignit le 29 à six heures du matin. Je perdis, dans cette retraite, mon chameau et mes bagages ; ils étaient peu importans, mais je regrettai fort mon porte-feuille, et le voyage d'Anacharsis qui fesait partie de ma bibliothèque.

Nous reprîmes sur-le-champ le chemin de notre première position, où les Mamloucks, fiers déjà de leur victoire momentanée, s'avançaient pour nous combattre de nouveau.

La division Regnier se forma en bataillon carré, et continua sa route sans jamais s'arrêter, tirant quelques coups de canons et d'obusiers sur les pelotons qui s'approchaient trop. Ils caracolaient autour de nous ; mais on voyait qu'ils étaient embarrassés pour entamer des piétons qu'ils n'avaient point regardés comme ennemis dangereux, et qu'ils supposaient devoir exterminer facilement.

Le 20, la division du général Dugua, une nouvelle, commandée par le général Lannes, et le quartier-général arrivèrent à El-Hanka.

Les trois divisions se mirent en marche le 22 ; elles arrivèrent le matin à Belbeis, chassant toujours devant elles les Mamloucks, qui se retirèrent à Salêhieh, dernier village de l'Egypte, avant d'entrer dans le désert qui sépare l'Asie et l'Afrique.

A El-Hanka, on m'avait rendu mon portefeuille, mon cachet, quelques volumes, quelques feuilles manuscrites, qui furent rapportés par les soldats ; ils les avaient trouvés dans les cabanes du village qu'ils pillèrent, pour punir les habitans de s'être révoltés, lorsque nous y étions attaqués.

Avant d'arriver à Belbeis, nous rencontrâmes la caravanne de la Mekke qui s'avançait lentement dans le désert : elle avait été pillée par les Mamlouks et les Arabes ; Bonaparte la fit escorter jusqu'au Caire.

Nous laissâmes Belbeis, le 23 nous couchâmes à Coreid ; le 24, le Général en chef prit avec lui toute la cavalerie, qui pouvait se monter à 300 hommes environ, et précédant l'infanterie, arriva aux bois de Palmiers qui entourent la ville de Saléhieh ; il s'arrêta auprès d'une citerne, et envoya reconnaître l'ennemi.

Le général Murat, quittant Kélioub, nous joignit alors.

Le rapport fait au Général en chef, portait en substance, que les Mamloucks étaient peu nombreux, et qu'ils défilaient en escortant des chameaux chargés de leurs bagages. Il fallut attendre l'infanterie ; Bonaparte envoya ordre aux divisions de presser leur marche.

Elles arrivèrent enfin ; et le quartier-général, la cavalerie suivant la lizière du

bois, le dépassèrent bientôt, et aperçu-
rent les Mamloucks engagés déjà dans le
désert. Quatre cents environ protégeaient
la queue de leur convoi, qui se perdait à
l'horizon.

Lorsque le Général en chef les vit, il
dépêcha le citoyen Beauharnais à la division
du général Regnier, pour avoir un bataillon
et une pièce d'artillerie. Il devait doubler
le pas, et arriver pour seconder la cavalerie; mais la vue des chameaux, chargés,
disait-on, des trésors des Beys, de leurs
effets les plus précieux, avait fait naître le
desir de les posséder. Une tribu arabe qui
suivait la queue des Mamloucks, demanda
à piller avec nous, ne supposant pas que
nous voulussions nous battre pour d'autres
motifs.

Bonaparte accepta la proposition. Ils se
tinrent tranquilles jusqu'à ce que le sort eût
décidé à qui des deux partis resterait la victoire.

Enfin notre cavalerie se trouva à portée
du fusil; des détachemens du 7e hussard, et
22e chasseur, chassèrent avec intrépidité le
groupe principal des Mamloucks. La poussière et le mirage empêchaient de bien dis-

tinguer ce qui se passait ; on entendait quelques coups de feu , mais plus souvent l'on voyait reluire l'arme blanche , qui ouvrait de larges blessures. Bientôt la charge devint générale , les guides suivirent les hussards , les généraux , les aides-de-camp donnaient l'exemple de l'intrépidité et du sang-froid. La jambe de bois du général Caffarelly n'arrêta point son courage. Le général Murat paraissait arrivé exprès pour cette affaire : il s'élança dans la mêlée avec ce bonheur qui l'a rarement quitté.

Ce combat fut de courte durée. Le Général en chef était resté presque seul ; le 3e de dragons s'avança au pas , et par une fusillade faite avec tranquillité et bien dirigée , força enfin les Mamloucks à fuir et à laisser deux mauvaises pièces de canons , l'une et l'autre sur le même affût.

L'infanterie arriva trop tard , et ne put servir. On enleva les blessés , que l'on transporta dans une mosquée où l'on établit l'ambulance. Le chef d'escadron Détrée fut rapporté dans un manteau. Il avait 14 coups de sabre sur le corps ; les chirurgiens le condamnèrent à mort ; mais son bon tempérament et le climat le sauvèrent par la suite. Le Général en chef le nomma chef de brigade.

Sulkowski revint avec une balle qui lui avait traversé le côté, et des coups de sabre. Il avait conservé dans le combat un si grand sang-froid, qu'il racontait l'habillement, la couleur de ceux qui s'étaient battus avec lui. Un noir sur-tout l'avait fort occupé ; ce coquin redressait ses longues manches en venant sur Sulkowski, et poussait des cris épouvantables qui n'intimidèrent point le polonais, déjà éprouvé à Embabé où il avait été fait chef d'escadron. A Salêhieh il fut fait chef de brigade.

Il serait trop long de nommer ici tous les officiers qui se distinguèrent dans ce combat, Bonaparte les a d'ailleurs désignés à l'admiration et à la reconnaissance de la nation.

Je viens maintenant à quelques observations sur cette affaire, et sur le genre de guerre que nous fesions en Egypte depuis notre débarquement.

Les Mamloucks, ces soldats pris dans toutes les parties du monde, dès leur plus tendre enfance, sont habitués au maniement du cheval et des armes ; s'ils montent cet animal, pour leurs plaisirs ou pour combattre , c'est toujours un esclave qui porte son tyran. Il faut que le cheval cède à toutes leurs idées , et la bride qui le guide prouve assez que les Mamloucks veulent être obéis.

Le cheval le plus vigoureux , qui développerait tous ses moyens dans une course , sera toujours obligé de s'arrêter sur-le-champ. Rien ne saurait résister à la force de ces mors dont le principal agent est une branche de fer qui s'introduit dans la bouche du cheval. Lorsque le cavalier veut arrêter son coursier , il lève la bride , le mord fait levier au moyen d'une gourmette en anneau qui entoure la mâchoire inférieure , et l'animal , quelque fougeux qu'il soit , doit céder à la douleur d'un instrument qui lui fendrait la bouche s'il ne s'arrêtait. Au moyen de ce mors et d'étriers tranchans , le Mamlouck fait de son cheval ce qu'il veut. Ces étriers tranchans servent encore à un autre objet. Dans une charge contre l'ennemi , ils coupent et deviennent une arme offensive. Chez les européens qui marchent en ordre , ces sortes d'étriers ne pourraient s'employer , chacun blesserait son voisin. Les Mamloucks n'ont d'autre rang que celui qu'indique le courage ou la témérité. Les selles sont un fauteuil, pour ainsi dire, et sur le devant s'élève un pommeau. Conformément à leurs usages, ils peuvent se tenir accroupis sur le cheval comme ils le sont quand ils se reposent à terre ; et les étriers, qu'ils portent très-courts, élevant le cavalier bien au-dessus de la selle, lui donnent une aisance et **une** grande force pour porter des coups. L'homme blessé ne court point le danger de tomber, il est soutenu de toutes parts, Le cheval n'est point chargé de bagages, **guerrier** comme son maître, s'il marche aux combats, il ne porte que les attirails **de la** guerre. Le Mamlouck, revêtu de pelisses, de turbans, se trouve protégé par ces mêmes habits qui amortissent les coups de sabre ; ils sont tous armés d'une manière formidable, ils ont à la ceinture une paire de pistolets et un poignard ; aux arçons de la selle une autre paire de pistolets ainsi qu'une hache et une masse d'armes ; d'un côté un sabre, de l'autre un tromblon, souvent un géride, et le valet à pied une carabine. Toutes les armes à feu sont attachées à l'homme ou au cheval, ce qui donne

au cavalier une grande facilité pour s'en
servir parce qu'il n'a point l'embarras de
les remettre à leur place. Plusieurs Mamloucks portaient des cottes de maille et des
casques, non pas à visières, mais défen-
dus par une barre qui protège la figure.
Celui que Sulkoswski, l'aide-de-camp, prit
à l'affaire d'Embabé, au Mamlouck qu'il
combattit, était de cette espèce ; joignez
à cela une arme tranchante, fragile il est
vrai, mais dont les coups sont d'autant
plus terribles que la trempe en est plus
fine. Les Mamloucks parent rarement avec
leurs sabres qui se briseraient bientôt ; c'est
le cheval qui esquive le coup. Voilà l'ennemi que nous combattions ; cavalerie formidable, plus terrible encore si elle était
sagement dirigée. Les Français même con-
viendront sûrement avec moi de la justesse
de cette assertion. Ce n'est point le courage
qui fait ici la supériorité du Mamlouck ;
quelle nation s'est montrée plus guerrière,
plus courageuse que la nôtre ? Mais compa-
rons à ces légers soldats nos dragons et
même nos hussards. Selle rase et pesante,
porte-manteau, gros fusil ou carabine, vivres pour l'homme, vivres pour le cheval,

et de l'eau pour le cavalier ; le cheval souvent emporte l'homme, ou celui-ci est obligé
de s'en occuper trop pour l'arrêter. S'il tire
son pistolet , il faut qu'il le remette aux
arçons ; s'il veut se servir de sa carabine ou
de son fusil , rarement il le peut dans une
charge , dans une mêlée , où les armes les
plus courtes sont les meilleures. A la charge
des pistolets , il faut prendre du tems pour
remettre la baguette ; le Mamlouck porte
encore à son côté une petite corne avec laquelle il amorce rapidement , et la même
baguette de fer sert pour ses armes. Il y a
donc, comme je l'ai dit , à part le courage ,
supériorité d'armes reconnue chez le Mamlouck. Il manœuvrait plus rapidement , il
tirait plus souvent et plus promptement ,
et par sa course il joignait ou évitait son
ennemi. On a vu le résultat de l'affaire de
Saléhieh ; les hussards chargèrent un peloton considérable, mais arrivés près de lui
ils ne trouvèrent plus personne , et le tems
qu'ils mirent à arrêter les chevaux, à faire
volte-face , fut celui où les Mamloucks les
entourèrent et les entamèrent par derrière.
Les Mamloucks sont toujours et même né-
cessairement tirailleurs , je crois l'avoir dé-

montré , et ils nous offrent peut-être le meilleur système de cavalerie que nous puissions avoir. Le dragon blessé doit forcément tomber de dessus son cheval; il se perd lui-même ainsi, et ses armes et son coursier deviennent la proie des ennemis. L'armement et l'équipement des Mamloucks, avec des modifications nécessaires en Europe, sont les plus convenables à la guerre.

Nos chevaux , la plupart français, à Saléhieh, fatigués par la route, par une nourriture à laquelle quelques-uns n'étaient pas habitués , chargés, comme je l'ai dit encore, de vivres , d'eau et de plusieurs autres objets , ne devaient point résister au choc des chevaux vifs et frais , dégagés de poids considérables et menés par des mains adroites et expérimentées. Voyez le Mamlouck élevé sur ses étriers, guidant avec facilité un cheval forcément soumis ; ne doit-il point porter des coups plus prompts et plus terribles que nos guerriers assis sur leurs selles , et perdant, par cette raison même , une partie de leurs forces (1)? Je crois que tous les

____

(1) Je n'ignore pas que dans la charge nos cavaliers s'élèvent sur leurs étriers ; mais ils les portent

Français ont pu se convaincre de la vérité de ces observations.

Ce n'était plus comme en Europe une guerre où, lorsque vous avez chassé l'ennemi devant vous, les derrières sont au moins en sûreté; deux villages rapprochés l'un de l'autre étaient occupés par nos troupes, et cependant on ne pouvait traverser l'espace qui les séparait sans une escorte. Nous étions au Caire, nous y régnions en maîtres, et cependant nous ne pouvions aller nous promener hors des portes. Nous étions, pour ainsi dire, prisonniers au centre de nos conquêtes. L'armée perdit beaucoup de monde par les assassinats nombreux et répétés; elle vit disparaître des officiers intéressans et nécessaires. Boulack était à deux portées de fusil du Caire : on n'y allait point sûrement. Dans le commencement les communications étaient difficiles et dangereuses, à cause des Arabes qui venaient, malgré les troupes, jusqu'aux portes de la ville. C'est ainsi que la moindre course, qui n'avait pour but qu'une re-

---

trop longs pour pouvoir s'exhausser autant que le Mamlouck qui les porte extrêmement courts.

cherche scientifique , avait toujours l'appareil de la guerre. Cette situation inquiète
fit que tout le monde prit les armes , et
que chacun devait penser à se défendre soi-
même. Parmi ces classes d'employés qui sui-
vent les armées, mais qui ne voyent jamais
l'ennemi , nous avons compté bien des victimes dont le sort eût été protégé par les
troupes en Europe. La guerre enfin était
générale. Avec nos ennemis , dans les combats , nous n'avions jamais que la victoire
ou la mort en perspective.

Le 26 thermidor , Bonaparte , après avoir
ordonné à Saléhieh la construction d'une
forteresse , reprit la route du Caire ; je suivis le quartier général.

C'est dans notre route que nous rencontrâmes l'aide-de-camp de Kléber qui nous
apporta la nouvelle bien triste de la destruction de notre flotte à la suite du combat
d'Aboukir. Les détails de cette malheureuse
journée nous glacèrent le cœur. L'avenir
s'obscurcit alors. Comment finirait cette expédition , et quels secours pouvions-nous
attendre désormais de notre marine ? Vivre
en Egypte, sans nouvelles de France, séparés de tout ce qui nous intéressait dans la

vie, parens, amis, maîtresses, tout était perdu pour nous ; exilés à 500 lieues de notre patrie, nous allions traîner notre triste existence au milieu d'un peuple dont les mœurs différaient tant des nôtres, toujours en état de guerre, et ne voyant plus d'événemens heureux qui pussent jamais nous ramener sur les bords chéris de la France. Voilà qu'elles furent les cruelles réflexions qui nous accablèrent et qui augmentèrent les ravages de cette cruelle maladie du pays, le dégoût. Tant que la flotte assurait la communication, l'espoir soutenait le courage ; mais au combat d'Aboukir, les Anglais semblaient avoir posé une barrière insurmontable entre la patrie et nous. Les esprits faibles ne virent plus dans l'Egypte que le vaste tombeau qui nous renfermerait tous.

La flotte française s'était embossée dans la rade d'Aboukir ; elle était sur deux lignes ; les vaisseaux formaient la première ; les frégates, aviso, etc. formaient la seconde. Le premier vaisseau de queue serrait les récifs qui sont devant le fort d'Aboukir, mais ne les approchait point assez pour fermer le passage. On engagea, m'a-t-on assuré, l'amiral Bruies à faire couler bas quelques bâtimens de transport, afin de fermer la passe. Cet avis ne fut point suivi, et l'amiral Bruies répondit : « ils n'oseront point nous attaquer » : On laissa donc les choses comme elles étaient ; l'embossage était encore vicieux, parce qu'une partie des vaisseaux ne pouvaient prendre part au combat qui s'engagerait avec l'autre. L'embossage ainsi formé, dans l'après-midi du 14 du mois de thermidor (et non de celui de fructidor ainsi que l'a placé par erreur le cit. Denon), nos croisières signalèrent une voile venant de l'ouest ; sa marche douteuse l'annonçait comme une mouche, c'en était une en effet. Elle fit des signaux, et notre croisière annonçant ses mouvemens, l'armée se prépara au combat, jugeant que cette mouche devait appartenir à la flotte anglaise ; ce dont on fut bientôt convaincu par l'aperçu des autres voiles qui suivirent la marche du bâtiment léger. L'amiral convoqua alors les généraux de l'armée, les avis se partagèrent, plusieurs voulaient mettre à la voile, d'autres opinèrent pour garder l'embossage. On resta enfin dans la position où l'on était, et l'on attendit l'ennemi qui s'avança bientôt à pleines voiles. Après que la

mouche eut bien reconnu notre position ,
l'armée ennemie effectua son mouvement.
Le premier vaisseau de tête des Anglais ,
était le Culloden ; l'amiral Nelson l'avait
composé des meilleurs équipages , de l'élite
de son armée ; le Culloden serra les récifs
d'Aboukir , pour tâcher de passer et d'entamer la ligne. Il s'échoua. Les Anglais ,
que j'ai vus ensuite , assurèrent qu'ils furent
tous découragés à ce premier malheur ; ils
pensaient que le passage était impossible ,
tous s'attendaient à voir le signal de virer
et de s'éloigner ; mais l'amiral Nelson , que
le désespoir d'avoir manqué notre rencontre
animait encore plus , fit ordre au vaisseau
qui suivait le Culloden de moins serrer les
récifs , et de continuer la marche. Celui-ci
fut plus heureux , passant à la poupe du
premier vaisseau de queue , il lâcha sa bordée , et revint au vent en serrant ensuite
la ligne française. Les autres vaisseaux anglais imitèrent cette manœuvre , et de chaque bord six vaisseaux français eurent bientôt chacun un vaisseau anglais. On se ca-
nonna avec une ardeur inconcevable ; mais
malheureusement la moitié de notre flotte
ne pouvait qu'être spectatrice du combat.

Notre feu fut d'abord supérieur à celui des Anglais, et l'Orient, à lui seul, démâta et mit hors de combat les deux vaisseaux ennemis qui étaient par ses côtés. La nuit survint bientôt, l'amiral Bruies fut blessé, on ne donnait plus d'ordre dans l'armée ; le feu prit à l'Orient ; quelque tems après il communiqua à la Sainte-Barbe, et fit sauter cette forteresse, ce beau vaisseau que le bonheur sembla abandonner lorsque Bonaparte l'eut quitté ; le lendemain l'Heureux eut le même sort ; la rade d'Aboukir ne fut bientôt plus couverte que de débris et de cadavres. Le Tonnant se battit pendant 36 heures sans presque discontinuer ; Petit-Thouars périt sur son bord, en recommandant de ne point se rendre ; le Guillaume Tell, le Guerrier, la Diane et la Junon se sauvèrent au milieu du désordre, et se réfugièrent à Malte ; ainsi se vérifia le pressentiment malheureux de l'amiral Bruies. Le général Bonaparte redoutait cet événement, et pour le prévenir, avant de faire l'expédition de Salêhieh, il avait fait partir son aide-de-camp Jullien avec 25 ou 3o soldats, pour porter l'ordre à l'amiral Bruies de mettre à la voile et de s'éloigner, le sort de l'armée étant fixé, et la conquête de l'Egypte assurée.

Le cit. Jullien fut massacré lui et toute son escorte à Alkam, village sur le bord du Nil. Par la date du combat, on voit que l'aide-de-camp du Général en chef ne serait arrivé qu'après le malheureux événement.

Cette nouvelle fit que le Général en chef hâta son retour au Caire, et que nous ne mîmes que deux jours à faire la route que nous avions faite d'abord en quatre. Le 27 au soir nous arrivâmes au Caire; tous les Français y étaient désolés et consternés.

CHAPITRE V.

Révolte du premier brumaire, Course contre les Arabes.

Arrivé au Caire, j'y trouvai l'ordonnateur en chef blessé fort dangereusement à la main droite d'un coup de feu qui la lui avait percée. L'adjoint à l'état-major, Lacuée, blessé d'une manière plus alarmante,

habitait la même maison ; elle devint alors
une espèce d'hôpital , j'étais le moins malade , quoique je souffrisse passablement de
la morsure de mon maudit chameau.

. L'ordonnateur Sucy ne voyant plus l'armée , et le but qu'il s'était proposé , en
s'embarquant sur la flottille , se trouvant
entièrement manqué , avait voulu prendre
les devants, et rejoindre le quartier-général. Cette démarche paraissait sans inconvéniens. L'armée sur la rive gauche du Nil ,
et la cavalerie sur la droite devaient avoir
balayé les Mamloucks et assuré la navigation du fleuve ; le commandant Perée donna
à l'ordonnateur en chef une djerme armée ,
et le capitaine Lacuée partit avec lui. Près
d'un village , dont je ne me rappelle plus
le nom , ils s'engravèrent et firent de vains
efforts pour se remettre à flot. Des Arabes ,
des paysans se rassemblèrent bientôt sur le
rivage et commencèrent à les attaquer ; la
fusillade fut vive , la nuit approchait et le
danger était plus pressant ; le combat avait
empêché les marins de continuer les travaux pour désengraver la djerme , et dans
ce combat , où tout le monde prenait part ,
le citoyen Sucy eut la main traversée d'une

balle, et le citoyen Lacuée la mâchoire fracassée ; ni l'un ni l'autre ne purent plus agir. Le feu cessa pendant quelques instans, mais le bruit qu'on entendait encore fesait supposer que les Arabes préparaient une nouvelle attaque plus décisive ; l'inquiétude était à son comble ; la pièce de canon était devenue absolument inutile , puisque la barque s'était arrêtée dans le sens du courant du fleuve qu'elle remontait. Par un de ces hasards heureux , qui prouvent qu'il ne faut jamais abandonner l'espoir, les paysans vinrent dans un bateau pour aborder la djerme ; ils descendirent le courant, et par conséquent vis-à-vis la bouche de la pièce ; elle était chargée à mitraille ; elle produisit l'effet qu'on en attendait. Elle abîma les assassins ou du moins les effraya de manière à leur faire lâcher prise. On profita de ce moment de répit pour remettre la djerme à flot, on y parvint enfin et l'on s'éloigna avec rapidité de ce rivage dangereux. L'ordonnateur en chef et son camarade d'infortune, arrivèrent ainsi à Boulack, épuisés par les douleurs de blessures cruelles. Le citoyen Sucy fut pendant bien longtems hors d'état de se servir de sa main

droite , et , quelques mois après , il pouvait
à peine remuer les doigts. Le cit. Lacuée
ne pouvait manger, et sa blessure était un
tourment continuel. L'on doit croire que
l'ordonnateur en chef , hors d'état de remplir sa place , devait desirer vivement de
quitter l'Egypte et de retourner en France ,
aussi c'était son seul desir et sa chimère.

Le Général en chef vint voir le commissaire ordonnateur Sucy et lui parla de notre
position ; après quelques discours relatifs au
service de l'armée, Bonaparte lui dit : « Nous
« n'avons plus de flotte , eh bien , il faut res-
« ter ici , ou en sortir grands comme les an-
« ciens ».

Le Général en chef s'occupa alors de l'administration intérieure du pays : il donna
ordre aux Français de ne point troubler le
culte ; il défendit aux commandans de province de frapper aucune contribution en
argent sur les habitans ; il recommanda de
veiller à l'entretien des canaux , à l'époque
sur-tout où l'inondation du Nil commence
à féconder le sol ; il établit une commission qui fut chargée de recevoir les récla-
mations des habitans sur les vexations qu'ils
pourraient éprouver ; il prit des mesures

sévères contre les dilapidateurs ; il fit brû-
ler le village d'Alcan où avait été assassiné
l'aide-de-camp Jullien ; pour honorer la mémoire de Petit Thouars qui commandait le
Tonnant, il fit appeler de son nom la grande
rue du Caire , et les bricks pris aux Mamlouks sur le Nil , du nom de son vaisseau.
Il convoqua , pour le 10 vendémiaire an 7 ,
une assemblée générale de Notables des
quatorze provinces de l'Egypte : ces Notables devaient être choisis parmi les hommes
ayant le plus d'influence sur le peuple , et
distingués par leurs lumières ; il fit arborer
le pavillon sur les barques qui naviguent
sur le fleuve ; il donna une compagnie de
60 hommes à l'aga des Jannissaires , payée
par les impositions frappées par les divans ,
et nourrie par l'armée ; il ordonna que tous
les jeunes Mamloucks , ayant plus de huit
ans et moins de 16 , et tous les garçons qui
étaient esclaves , noirs ou blancs , délaissés
au Caire , seraient incorporés dans les de-
mi-brigades , ou en qualité de soldats , ou
comme tambours.

Le premier vendémiaire an 7 fut célébré
avec pompe.

Dans le courant de vendémiaire on fit

plusieurs expéditions contre les Arabes ; une partie de ces brigands fut attaquée , près de Mitt-Kamar , par le général Murat qui leur tua 40 hommes , et les obligea d'évacuer la province. Pendant ce tems là , la division Desaix s'emparait de la Haute Egypte, et poursuivait les Mamloucks sans relâche.

Le Général en chef fit établir un bureau de santé au Caire ; il ordonna à tous les Français indistinctement de porter des fusils ou carabines.

Les troupes et les généraux étaient répartis dans toute l'Egypte , et chaque général commandait une ou plusieurs provinces.

La division du général Regnier avait son quartier général à Belbeis , celle du général Dugua à Damiette , celle du général Lannes au vieux Caire ; la cavalerie était à Boulack ; le général Lanusse dans le Delta , et l'artillerie à Gizeh. Nos troupes , ainsi répandues sur le territoire , se nourrissaient plus facilement.

Au Caire on avait cherché à tirer parti des circonstances , et les ouvriers en tout genre avaient levé des ateliers et des boutiques ; l'on voyait dans les rues des restaurateurs français , peu approvisionnés sans doute, mais l'on pouvait se réunir et boire de l'eau-de-vie ; on fit bientôt des bottes, des chapeaux, des ceinturons ; les turcs imitaient nos broderies à merveille, et au retour de Syrie on pouvait se fournir de bien des choses dont on craignait de manquer. Il s'éleva une tannerie, on fit des selles ; d'autres nous mirent bientôt à portée de meubler nos appartemens à la française ; nous eûmes des lits, des tables, des chaises dont nous avions trouvé les maisons entièrement dépourvues à notre arrivée ; ainsi, l'industrie adoucissait nos privations. Des distillateurs nous fesaient des liqueurs de tout genre, et nous eûmes, par la suite, des sirops d'orgeat, de vinaigre, etc. Le vin seul était d'une grande rareté, et nous n'en étions pourvus que par les chargemens des spéculateurs hardis qui échappaient à la vigilance des croisières anglaises. Des Françaises fixèrent les regards de nos généraux, et l'on vit se former quelques sociétés.

A notre entrée au Caire, toutes les rues étaient fermées par des portes qui n'étaient ouvertes que dans le jour. Ces portes arrêtaient les Arabes qui fesaient souvent des incursions pour piller ; elles eussent été dangereuses pour nous , parce que , dans une révolte , elles auraient fait de la capitale autant de petites villes qu'il aurait fallu emporter de vive force. Le Général en chef les fit donc détruire , et cette précaution nous servit bien à la révolte du premier brumaire.

Le matin de ce jour , le Général en chef sortit avec des guides , alla au vieux Caire , et de là à l'île de Rhoda. Le général Junot était resté seul au quartier-général place de Lesbékieh , sur laquelle presque tous les Français s'étaient réunis : j'étais allé au vieux Caire aussi , et je revenais sur mon âne fort paisiblement au petit galop , comme c'est l'usage , mon ânier tenant son animal par la queue pour le suivre. Lorsque j'arrivai dans les rues , j'y remarquai un silence effrayant ; les portes des maisons étaient fermées : je ne rencontrais personne , et ne savais que penser de cette solitude ; j'hésitais à traverser toute la ville , et n'osais retourner au vieux Caire. Enfin je crus moins dangereux de me dépêcher de suivre les rues , parce que la 32e. demi-brigade était casernée dans la grande rue à la place de Birketelfi. J'y arrivai heureusement , et y trouvai le général Dupuis, commandant autrefois cette demi-brigade, promu nouvellement au grade de général, sortant de sa maison, précédé de ses bâtonniers, et suivi d'un régiment de dragons. Il ordonna à l'infanterie de se tenir prête à marcher, et continua sa route pour se rendre au cimetière, où les révoltés étaient rassemblés. Il tourna à droite à une certaine distance du quartier des Francs, et moi, avec mon âne, je galopai jusqu'à ce même quartier, où je trouvai des avant-postes. J'avais appris à Birketelfi, qu'il s'était formé quelques rassemblemens dans la matinée, et qu'augmentés considérablement après midi, ils avaient fixé l'attention du commandant de la place. Bientôt ils avaient pris un caractère inquiétant, et le malheureux général Dupuis fut assassiné quelques minutes après que nous fûmes séparés. J'arrivai à Lesbékieh, où l'on avait déjà connaissance des troubles qui se manifestaient dans la ville. Le général Junot avait envoyé de suite prévenir le Général en chef. Bonaparte revint avec ses guides; et voulant entrer en ville, il se présenta à la porte du vieux Caire, où il trouva les révoltés qui le forcèrent, après de nouvelles tentatives à la porte de l'Institut, de pénétrer par celle de Boulack. Il apprit, à son arrivée, la mort du général Dupuis. Le général Junot prit sur-le-champ le commandement de la ville ; on entoura la place de Lesbékieh, et la nuit se passa sous les armes.

Le lendemain matin, 2 brumaire, le nombre des révoltés était encore augmenté ; les Arabes s'étaient réunis également, et toute la ville se remplissait de canaille armée de bâtons, de piques, de sabres, de fusils. Le général Caffarelly, qui heureusement se trouvait à l'île de Rhoda avec le Général en chef, avait eu seulement sa maison pillée. Beaucoup de Français, les restaurateurs, ceux éloignés des troupes, avaient été assassinés ou obligés d'abandonner leurs domiciles. L'Institut s'était constitué en état de siége, et défendait l'asile des sciences et des arts ; nos savans s'étaient changés en guerriers, ils avaient pris les armes. Bonaparte avait expédié l'ordre aux troupes stationnées dans les provinces voisines du Caire, de s'y rendre sur-le-champ.

Le 2 brumaire, on marcha sur les révoltés ; ils eurent l'audace de s'approcher jusques dans un cimetière voisin de la place de Lesbékieh : on en fit un massacre horrible. L'entrée de la rue Petit-Thouars était défendue par un obusier et par une compagnie de grenadiers. Le premier coude était court, et on eût criblé les révoltés, s'ils se fussent avancés. Les coquins, plus adroits, pénétrèrent par des chemins détournés et à travers les maisons dans la première mosquée à droite de ce même coude. Il fallut enfoncer la porte à coups de hache. Ils en furent bientôt chassés.

Pendant ce tems, le général Daumartin, avec quelques pièces d'artillerie, tourna le Caire, et alla s'établir sur les montagnes, à la gauche de la citadelle : il y fit former des batteries.

Au moment où j'entrai chez le Général en chef avec l'ordonnateur Sucy, il venait d'apprendre la mort affreuse du jeune Sulkowski, envoyé en reconnaissance avec un détachement de guides ; il n'avait consulté que son ardeur, et rencontrant les révoltés, il s'était lancé au milieu d'eux. Il paraît que son cheval s'abattit sur lui : il fut massacré, et les guides périrent presque tous.

Bonaparte fut très-sensible à cette perte ;

il estimait fort son aide-de-camp , qui joignait au courage d'un héros des talens et des connaissances étendues. Il fut généralemant regretté. Ce même jour , Kléber arriva d'Alexandrie ; je le vis le soir au quartier-général où je retournai. La citadelle et les batteries du général Daumartin commencaient à tirer sur la grande mosquée , où tous les insurgés , à moitié détruits et dispersés, s'étaient réfugiés. Les rues circonvoisines étaient gardées par nos troupes , et pendant toute la nuit on bombarda. Le lendemain matin , les pertes réitérées de ces fanatiques avaient chassé leur enthousiasme; ils commencèrent à se repentir à l'aspect de la mort. Les Cheikhs de la ville vinrent demander le pardon au Général en chef : il fut accordé , et le 3 brumaire le calme rétabli.

Il paraît que les habitans , charmés de voir le Caire abandonné par les Mamloucks , s'imaginèrent qu'ils allaient vivre entièrement dégagés de toute espèce d'imposition : l'armée devait être soldée , et les contributions furent poursuivies avec vigueur. Joignez à cela les partisans des Mamloucks et les convulsionnaires frénétiques qui échauf-

fèrent les esprits, et vous saurez la cause
de cette révolte, qui nous coûta si cher par
la perte d'officiers distingués.

Ces nouveaux malheurs déterminèrent le
Général en chef à faire entourer le Caire de
forts qui pussent, par la suite, le punir
plus terriblement encore, s'il tentait de se
révolter. On construisit une tour sur un
des monticules de sable entre Boulack et le
Caire. Cette tour fut appelée Carmin, du
nom d'un adjudant-général, qui, venant
de France, et poursuivi par les Anglais, dé-
barqua à la tour des Arabes, et fut assassiné par eux. Plus loin, en suivant les murailles de la ville, au nord-est, on fortifia
une espèce de château qui dominait une
partie de la ville. C'est de ce côté qu'avait
été tué l'infortuné Sulkowski : le fort garda
son nom.

On éleva des murailles sur la montagne
qu'avait occupée le général Daumartin pendant la révolte, et le nom du fort Dupuis
rappela tout-à-la-fois et la perte de ce Général et la vengeance qu'on en avait tirée.

La citadelle fut mise en état, et l'on dé-
truisit les baraques qui en obstruaient l'entrée, pour la rendre plus militaire.

L'aqueduc entre le vieux Caire et le Caire fut également pourvu de canons.

Sur l'élévation, entre la maison Ibrahim-Bey et l'Institut, on construisit un nouveau fort qui fut appelé le fort de l'Institut; enfin, entre Boulack et le Caire, à la gauche de la tour Carmin, on traça une route militaire et une chaussée, pour pouvoir communiquer avec la ferme d'Ibrahim et avec Boulack : la chaussée fut bordée de deux fossés. On fit une grande entrée à la place de Lesbékieh, afin de n'être plus dans le cas de craindre de ne pouvoir sortir ou rentrer. Gizeh fut également entourée de murailles ; un pont volant servait aux communications entre cette place et l'île de Rhoda, et un pont de bateaux traversait la seconde branche du Nil, à la ferme d'Ibrahim-Bey, où l'on avait en même tems établi un hôpital.

Les Arabes de Derne avaient paru jusqu'aux environs de Gizeh ; le général Dumas reçut ordre de les poursuivre. Je partis avec lui et un détachement de cavalerie. Nous traversâmes le Nil à Rhoda, et le lendemain nous nous mîmes en route.

C'est dans cette course que j'approchai les Pyramides, monument non pas éternel, mais qui verra peut-être encore bien des révolutions et bien des siècles se succéder. Nous sortîmes à la pointe du jour, et nous dirigeant vers la droite, nous parcourûmes tous les villages qui sont sur la lisière du désert, et où nous pouvions supposer que les Arabes se fussent retirés. Nous ne les trouvâmes point, quoique le général Dumas eût partagé sa cavalerie en deux pelotons, pour mieux les rencontrer. Nous revînmes aux Pyramides, où nous fîmes une halte; mais comme nous n'avions pas le tems d'y faire des observations, je n'eus que celui de contempler ces masses de pierres, et d'abandonner mon esprit à l'enthousiasme qu'elles font naître. J'en fis le tour, et donnai un coup-d'œil, en passant, au sphinx et aux excavations chargées d'hyérogliphes.

Nous nous dirigeâmes après, en suivant les confins du désert, sur un village où nous passâmes la nuit. Comme on peut le croire, les habitans nous nourrissaient toujours, ainsi que nos chevaux. Je fesais faire par le Cheikh-el-Beleht une distribution de galettes, de moutons aux hommes, et de paille et d'orge aux chevaux. Dans un de ces villages, ces vivres tardaient à arriver; je m'en

plaignis au Général : il était violent ; il
me dit : « Allez trouver le Cheikh ; amenez-
» le-moi, et s'il ne veut pas venir, tuez-le ».
J'annonçai au Cheikh que j'avais ordre de
le tuer, s'il ne me suivait pas, et il me
suivit.

Nous continuâmes notre course jusqu'aux
Pyramides de Sakkara, bien plus petites
que les autres, et d'une forme particulière.
Je ne pus m'y arrêter non plus, et nous
revînmes par le désert, en nous dirigeant
sur les grandes Pyramides. Il nous paraissait assez extraordinaire que nous ne pus-
sions point découvrir les traces de cette
tribu qui nous promenait si long-tems ; enfin
l'aide-de-camp Beaumont, qui nous précédait de quelques pas, tira un coup de pistolet : nous accourûmes, et vîmes dans une
petite vallée à nos pieds une trentaine
d'Arabes tous habillés de blanc. Ils étaient
accroupis, et fumaient ; ils prirent tranquillement le petit galop, se jetant dans
l'immensité du désert : nous ne pûmes les
atteindre. Leur costume était charmant ;
leurs habits blancs se dessinaient sur leurs
chevaux, et leur donnaient un air singulier
qui nous frappa tous. Ils ne fuyaient que

ce qu'il fallait pour ne point rester à la portée de nos armes à feu. Si nous nous arrètions, ils nous imitaient, et ne marchaient que lorsque nous les suivions. Fatigué et ennuyé de courir en vain, le général Dumas nous ramena dans les terres habitées, et le lendemain à Gizeh.

CHAPITRE VI.

Second voyage aux grandes pyramides.
Repas turc.

LE Général en chef s'occupait, à mon retour, de ce qui pouvait embellir sa demeure; il fesait arranger le jardin qui touchait à sa maison. Ceux des Mamloucks ne ressemblent en aucune façon aux nòtres. On ne peut s'y promener, tant les arbres et les arbustes sont rapprochés l'un de l'autre; l'œil ne saurait s'y reposer sur d'aimables points de vue, tant les objets sont entassés; le bananier, l'oranger, le citronier s'y confondent au milieu de quelques palmiers, qui s'élèvent brusquement, et dont l'aspect sévère n'invite point à la rêverie. Point de gazon pour se coucher, point de ruisseaux rafraîchissans ; tout s'y ressent de la nonchalance des habitans et de leurs goûts oisifs. Les Musulmans voient avec d'autres yeux que nous. Ce serait un tort de dire que leurs jardins ou leurs femmes ne sont pas jolis, puisque nos idées et nos manières de voir sont différentes. Ils n'aiment point à marcher ; leur bonheur est d'être couchés, de fumer, de jaser et de vivre avec leurs femmes ou esclaves : à quoi leur serviraient donc nos grands jardins et nos allées ? Offrons-leur les jolies tailles, les jolis pieds, ces habillemens gracieux de nos belles ; qu'elles s'efforcent elles-mêmes de les séduire, peut-être ne plairont-elles pas aux Turcs. La beauté chez eux est dans l'embonpoint : plus une femme est grosse, et plus elle est belle. Si nous nous récrions sur leur prétendu mauvais goût, ne peuvent-ils en dire autant de nous ? Pour jouir, dans un pays étranger, il faudrait le voir avec les yeux des habitans ; et si Savary nous a trompés si fortement sur l'Egypte, c'est qu'il la voyait comme eux. Le Mamlouck à Paris regrette le Caire, et le Français au Caire regrette sa patrie.

Voilà ce qui a fait la différence des deux

ouvrages de Volney et de Savary : presque
tous , nous avons vu comme le premier ;
ce qui prouve que Volney a plus écrit dans
l'esprit de la nation son voyage en Egypte.

Le commissaire-ordonnateur en chef avait
changé de domicile ; et comme la nouvelle
maison que nous habitions était moins étendue , nous fûmes obligés de nous arranger
ensemble , nous deux le capitaine Lacuée.
Nous adoucissions mutuellement notre situation par de longues conversations sur
notre pays , et par le doux espoir de le revoir un jour. La lecture et le travail par-
tageaient nos momens , et quelquefois encore nous oublions que nous fussions en
Egypte , jusqu'à ce que la douleur ou quelque bruit particulier du pays vinssent nous
tirer de nos heureuses distractions , et nous
rappeler à notre véritable position. Les souvenirs des momens passés venaient ainsi soulager nos ames et soutenir notre courage.
Mais le retour sur nous-mêmes était bien
plus pénible. Actuellement, si je me rappelle ce que j'ai souffert , le souvenir des
malheurs dont je fus le témoin , embellit
mon existence , et je me dis , sans cesse ,
lorsqu'un nuage obscurcit ma gaîté ou trou-

ble mon repos : « Peux-tu te plaindre ? n'es-
» tu point mille fois plus heureux qu'en
» Egypte ? ne vois-tu point les êtres qui sont
» chers à ton cœur ? n'as-tu pas au moins
» de leurs nouvelles ? n'es-tu point libre
» d'aller dans la campagne, et de la par-
» courir sans crainte de fâcheuses rencon-
» tres ? N'as-tu point des spectacles, des
» sociétés aimables pour charmer ton es-
» prit, mille ouvrages pour t'instruire ? » Il
serait trop long de détailler toutes les com-
paraisons qui s'offrent à l'avantage de ma
situation actuelle, et convaincu de mon
bonheur, j'ai rapporté d'Egypte le moyen
de le conserver. Je le crois, il faut avoir
été malheureux pour goûter le charme de
la tranquillité ; je dois donc cette facilité
de contentement à l'époque la plus triste
de ma vie.

Dans mon séjour au Caire, je n'oubliai
point d'y voir tout ce qu'il y avait d'intéressant. Je visitai le puits Joseph, la citadelle,
la fameuse salle du divan, les villes des tombeaux. Nous fesions souvent des promena-
des à âne, mais en caravane et armés. Nous
avions déclaré une guerre à mort aux chiens
qui habitaient la ville, et que les habitans

même nourrissent en leur donnant à dévo-
rer les corps des chevaux ou chameaux
morts. Ils se réunissaient ordinairement le
soir sur la place Lesbekieh , et par leurs cris
affreux , joints aux croassemens des cor-
beaux et des milans, ils troublaient notre
sommeil. Les soldats les tuaient quand ils
pouvaient , et l'on voyait souvent passer
dans les rues quelques-uns de ces pauvres
animaux avec de larges coups de sabre.

Nous allions nous baigner , et nous trouvions mille charmes à cette nouvelle manière de se purifier; parmi les usages différens des Turcs, c'est celui qui m'a toujours
paru le plus aimable. Nous contractâmes une
partie de leurs habitudes. Nous prîmes la
pipe , et nous en appréciâmes bientôt les
avantages. Dans un pays chaud , la pipe ré-
pand dans la bouche une fraîcheur qui peut
garantir de la soif. C'est un moyen dont je
me suis toujours bien trouvé. Le tabac était
d'ailleurs fort doux, et n'avait point l'âcreté
de celui qu'on trouve communément en Europe. Celui de Lataquié est le plus renommé,
et les caractères véritables qui font reconnaître sa qualité , sont sa feuille qui pétille
comme la poudre lorsqu'elle s'embrâse, et

sa cendre d'une extrême blancheur. Nous brûlions souvent, avec le tabac, le bois d'aloës, dont le parfum se mélange très-agréablement avec la fumée. De longs tuyaux l'amenaient dans nos bouches, après avoir retenu une partie de son humidité, et bientôt les véritables fumeurs imitèrent les Turcs en ne crachant point. Le tabac, ainsi distillé, ne peut plus être nuisible à la santé. Le fumeur qui crache à tous instans, doit naturellement se dessécher la poitrine ; en avalant l'eau que la fumée vous apporte, elle devient une liqueur stomachique salutaire. Rien n'est aimable encore comme le café bu en fumant. Enfin nous nous trouvions si bien de cette manière de vivre, que nous l'adoptâmes presque universellement. La pipe ne nous quittait plus, et le café était de tous nos repas. Cette habitude devint même une nécessité pour les gens en place, qui dans toutes les conférences avec les habitans du pays, étaient pour ainsi dire obligés, par déférence, de boire le café et de fumer comme eux. L'honnêteté exige que vous offriez votre pipe, et les Turcs ne manquaient jamais de goûter notre tasse avant de nous la présenter. Ils semblent ainsi vous dire :

« Bois en sûreté, ce n'est point du poison ».

Nous avions presque oublié les chaises, et nous vivions étendus sur les divans qui bordaient nos appartemens. Nos habillemens devinrent incommodes alors, et nous changeâmes nos culottes étroites en pantalons plus larges.

C'est ainsi que la nécessité nous fit une loi de suivre des usages que l'habitude consacra bientôt.

Kléber devait aller visiter les grandes pyramides. Je fus de la caravane. Je montai sur le plateau de la première, qui paraît pointu à l'œil, et sur lequel cependant plusieurs hommes pourraient tenir facilement. Je descendis dans l'intérieur, et montai à la chambre de la Reine. Je ne parlerai point de la description de ces monumens, dont Savary, Volney, Denon, nous ont donné une si juste idée, mais je répéterai que rien ne saurait peindre ce qu'on éprouve à la vue de ces monumens fameux. Nous passâmes ensuite à la seconde pyramide. Il paraît qu'on tenta d'y faire des fouilles, et l'on pourrait monter sur les débris des pierres détruites pour faire une ouverture semblable à celle de la première. Nous allâmes ensuite voir le sphinx, et les excavations qui sont aux environs, et d'où il semble qu'on a dû tirer les matériaux nécessaires à la construction des pyramides. Les diverses chambres souterraines étaient couvertes d'hiéroglyphes ; une des entrées que nous remarquâmes piqua notre curiosité. Kléber demanda si quelqu'un voulait y descendre, je m'offris. On me donna des liens dont je tenais l'extrémité, afin de me faire remonter en cas de besoin. La pente de cette entrée était douce, je me laissai aller avec précaution, tâtant de tous côtés avec la main qui me restait de libre ; je glissai l'espace de quelques pieds, mais bientôt arrêté, je ne pus trouver d'issue ; je criai qu'on me remontât, et j'en fus pour ma peine. Je pense encore cependant que des fouilles que l'on ferait dans les chambres souterraines, amèneraient peut-être quelques découvertes intéressantes. Au retour des pyramides, nous allâmes dîner chez le général Lannes, dans une petite maison assez jolie qu'il avait dans l'île de Rhoda. Le soir, je rentrai au Caire.

L'ordonnateur en chef était invité à un grand dîné que devait lui donner Ismaël-Ismaïl, un des négocians les plus considérés au Caire. L'intendant-général de l'armée,

7.

d'autres membres des autorités du pays, étaient conviés à ce repas. L'ordonnateur Sucy me fit le plaisir de m'en prier et de m'amener avec lui. Nous partîmes après-midi sur nos chevaux et ânes.

On nous attendait depuis quelques instans, le maître de la maison avait fait tous les préparatifs pour notre réception.

Nous laissâmes nos montures dans une cour assez vaste, où se trouvait réuni un grand nombre de domestiques. Nous fûmes d'abord introduits dans une salle où l'on avait dressé une grande table entourée de chaises. Les Turcs pensaient nous faire une galanterie, en nous servant à la française. Nous ne fîmes que passer dans cette salle à manger, et nous entrâmes dans un autre appartement, où nous trouvâmes les convives. Les saluts furent réciproques, et nous nous étendîmes sur les divans. Les convives étaient costumés richement. Des musiciens, dans une partie de ce salon, attendaient l'ordre de commencer leur symphonie enragée. Vis-à-vis nous étaient des plateaux, couverts de liqueurs douces et de confitures de toutes espèces. On nous les servit ; elles étaient agréables, mais c'était pour nous un contre-

sens en cuisine, et elles ne nous firent pas
un grand plaisir. Les pipes remplies d'un
excellent tabac et de bois d'aloës, nous furent présentées. Les domestiques les allu-
maient au brasier et nous les apportaient
dans leurs bouches : c'est l'usage, et depuis
long-tems nous ne regardions plus à une
chose qui nous avait d'abord dégoûtés. D'ailleurs l'extrémité du tuyau étant toujours
garnie d'ambre, elle ne peut conserver l'humidité de la bouche de celui qui vous passe
la pipe après l'avoir essuyée. On parlait beaucoup, on riait peu. Quelle gaîté pouvait en
effet régner parmi des gens dont les goûts,
les mœurs sont si différents, et qui ne peuvent s'entendre qu'au moyen d'interprètes ?
Déjà la tristesse s'emparant de nous, le silence succédait, et notre imagination nous
transportait dans notre patrie, quand des
sons aigus, entièrement discords, nous apprirent que nous étions chez Ismaël-Ismaïl.
Les musiciens, renommés dans la ville,
jouaient, criaient tour-à-tour. Un tenait un
violon à deux cordes, le second une gui-
tarre, le troisième un instrument qu'il portait sur ses cuisses, et qu'il touchait avec
des morceaux de plumes attachés à des an-

neaux passés dans les index. Nos compagnons paraissaient très-sensibles aux sons
que produisaient les musiciens , et les figures peignaient fort bien les sensations que
leur fesait éprouver cette musique, qui nous
déplaisait cruellement.

Un domestique noir vint enfin annoncer
que le repas était servi ; nous revînmes dans
la première salle. Derrière une fenêtre gril-
lée étaient des femmes, dont nous ne pouvions distinguer les traits.

Le premier service consistait en riz et
soupes au pain. Des bouteilles de vin de
Chypre et des vases remplis de sauces diverses garnissaient la table. Deux minutes
après ce premier service , on apporta de
nouveaux plats de viande de bœuf et de vo-
lailles bouillies. Bientôt se succédèrent avec
une telle rapidité, rotis, poissons, légumes,
sucreries, pâtisseries, que je fus obligé d'a-
bandonner l'idée que j'avais eue de compter
les changemens ; mais je puis assurer sans
crainte d'exagérer, que les services allèrent
jusqu'à vingt. Le dernier fut cependant remarquable. Il était composé de deux plateaux, portant deux grands vases faits avec
une pâte légère ; une baguette noire et une

blanche accompagnaient chacun de ces édifices ? Le maître de la maison donna le bâton blanc au citoyen Sucy, avec prière de casser un des monumens, d'où il sortit des pigeons portant des faveurs à leurs cous.

Les convives ayant fait connaître, par de bruyantes exhalaisons, qu'ils avaient fort bien dîné (1), on se leva de table ; nous revînmes au salon, reprîmes nos places, les pipes, et l'on servit le café et de nouvelles liqueurs.

La musique recommença, les convives se rapprochèrent pour parler, d'autres s'endormirent ; à peine nous nous reposions de ce fatigant repas, que les domestiques apportèrent le sorbet qu'il fallut avaler, et que malgré sa réputation je trouvai fade et peu agréable.

Nous allions sortir, lorsque les domestiques reparurent encore, et nous aspergèrent d'eau rose ; les Turcs s'en frottaient la figure, la barbe et les mains. Après cette

____

(1) Rôter, chez nous, est une preuve de manque d'éducation et de mal-propreté ; chez les Turcs, c'est l'assurance qu'il donnent à l'Amphitrion du plaisir que leur a fait son repas.

dernière cérèmonie, peut-être la plus agréable, nous rentrâmes chez nous, comparant ce dîner si long à nos repas délicieux, et la gaîté franche qui les assaisonne souvent, à la froide monotonie qui avait accompagné celui-ci.

J'ai dit plus haut que l'ordonnateur en chef Sucy avait le vif desir de retourner en France. Il s'ennuyait plus que jamais, et sa blessure allant de mieux en mieux, sans cependant lui permettre une grande activité, d'après l'avis des chirurgiens, qu'il ne recouvrerait l'usage de ses doigts qu'avec le secours des eaux, il demanda au Général en chef la facilité de retourner en France ; elle lui fut accordée avec des passe-ports pour quelques personnes qui l'entouraient Je croyais alors pouvoir espérer de partir avec lui, je fis même bien des efforts ; l'ordonnateur Sucy m'assura qu'il avait demandé, au Général en chef, la permission de m'emmener, mais qu'il lui avait répondu que j'étais jeune, et que je devais rester. Ce refus m'a sauvé la vie, si effectivement Bonaparte l'a prononcé ; mais je crois que d'autres motifs, que je ne puis détailler ici, ont déterminé l'ordonnateur Sucy à me laisser en Egypte.

Mes instances furent vives cependant. Singulière destinée ; c'était ma mort que je demandais si vivement. Le commissaire Sucy partit donc pour France avec ceux qui l'avaient accompagné. Il relâcha en Sicile , et y fut massacré. *Il faut croire au fatalisme.* Ma fortune , car chacun a la sienne , m'a sauvé la vie , et lorsque je me plaignais d'être obligé de rester , je me plaignais de ne point courir au trépas. N'accusons donc jamais le ciel , et suivons aveuglément notre sort. Le capitaine Lacuée , mon aimable compagnon de chambre , plus heureux que l'ordonnateur Sucy revint en France. Je le vis s'éloigner avec le plus vif regret , et me trouvai bientôt dans une solitude à laquelle je n'étais point habitué.

La voix de l'armée désigna pour remplacer le citoyen Sucy , le commissaire des guerres Daure. Le Général en chef le choisit, et dans le même moment ce jeune homme fut nommé chef de l'administration de l'armée. Il convenait à Bonaparte pour plusieurs raisons. Outre ses talens administratifs , il avait cette grande activité si nécessaire aux armées. Employé à la division Desaix, la distinction de ce général était déjà un titre pour lui, et dans tous ses camarades il ne trouva qu'une même idée, celle de le seconder de tous leurs moyens. Dès ma première entrevue, je m'attachai fortement à mon nouveau chef, et lui dis avec franchise : « L'ordonnateur Sucy m'a amené en Egypte, « j'y suis seul maintenant, sans appui, si « vous m'abandonnez je serai malheureux ». L'ordonnateur Daure me tranquillisa bientôt en me donnant une partie de sa confiance, et en me promettant que je ne le quitterais point. Toute l'armée, qui savait l'apprécier, vit avec plaisir le choix du Général en chef.

Après la prise de Suez, Bonaparte s'occupa de l'expédition en Syrie. Il avait tenté différentes négociations avec le pacha d'Acre ; Djezzar ne le satisfit point, et le Général en chef résolut alors d'aller l'attaquer ; les préparatifs hostiles des Ottomans pouvaient d'ailleurs l'engager à les prévenir. La saison des débarquemens était encore éloignée ; l'expédition de Syrie fut ordonnée. On fit peu de préparatifs. Kléber eut le commandement de l'avant-garde, les généraux Bon, Regnier, Lannes, commandèrent les autres divisions. Le général Murat eut sous ses ordres la cavalerie. Le commissaire ordonnateur Daure me désigna pour faire partie de cette expédition, et je fus chargé du quartier-général qui se composait des guides à pied et à cheval, et d'un escadron de dromadaires, commandé par le cit. Lambert.

Dans le commencement de pluviose an 7, l'armée se mit en marche pour sa nouvelle conquête, et le quartier-général quitta le Caire le 22 du même mois.

FIN DU PREMIER LIVRE.

LIVRE II.

Expédition en Syrie.

CHAPITRE PREMIER.

Aperçu de la Syrie.

Nous allons entrer dans un pays (1) où les croisades ont déjà immortalisé le nom français ; nous allons traverser un territoire célèbre dans l'histoire ancienne ; nous marcherons sur les contrées qui ont donné naissance à la religion d'une grande partie de l'Europe ; nous y verrons, comme en Egypte, des restes intéressans, les côtes où naquit

---

(1) A cette époque, on ne devait point supposer que l'expédition se bornerait au siége de Saint-Jean d'Acre ; et par la Syrie, j'entends ici tout ce qui est compris sur la carte, sous la même désignation.

le commerce ; nous traverserons des fleuves remarquables, soit par les combats qu'ils ont vus, soit par les villes qui furent élevées sur leurs bords ; quelques-unes de ces villes ont vu naître Rome et Carthage ; quelques-uns de ces mêmes fleuves ont fourni cette matière précieuse avec laquelle nous nous garantissons des injures de l'air, sans nous priver de la lumière du jour ; nous allons trouver ces grandes tribus Arabes, qu'aucune nation n'a pu encore dompter, et qui vivent sous l'aile de la liberté.

Avant de commencer le récit de l'expédition en Syrie, je crois nécessaire de donner au lecteur un court exposé de la situation du pays que nous allons parcourir ; c'est un résumé de ce qu'en ont dit Laroque, Danville, Volney, etc. : connaissant mieux le pays, ses habitans, ses produits, il me suivra avec plus d'intérêt.

La Syrie, en arabe Barr-el-Cham, dans laquelle on comprend la Palestine, est l'étendue de terrain placé entre une ligne qui serait tirée au nord, de Bir sur l'Euphrate au port d'Alexandrette ; au midi, par une autre qui partirait de Kan-Jounes, en Palestine, jusqu'au désert d'Arabie ; à l'est, par ce même désert, et à l'ouest par la Méditerranée (1).

Elle peut avoir environ 5,250 lieues carrées, à raison de 150 de longueur sur 35 de large ; d'où on tire le terme de 476 ames par lieue carrée. Cette population n'approche point de la moitié de celle que les Anciens nous ont transmis avoir existé autrefois (2).

On peut considérer le sol qui compose la Syrie , comme partagé en trois bandes longues , dont le terrain a une qualité différente.

La première , sur les côtes de la Méditerranée , est une vallée chaude et humide ,

---

(1) Danville étend davantage la Syrie au nord , et y comprend une contrée appelée Kasmach.

(2) On peut évaluer celle actuelle à 2,305,000 ames qui seraient réparties de cette manière.

	ames
Pachalic - d'Alep ,	320,000
— de Tripoli , non compris le Kersouan ,	200,000
— d'Acre ,	300,000
Pays des Druses ,	120,000
Le Kersouan ,	115,000
Pachalic de Damas ,	1,200,000
Palestine ,	50,000

2,305,000 ames

d'une grande fertilité ; mais dont la salubrité est douteuse.

La seconde, montueuse et rude; mais plus saine.

La troisième, formant le revers des montagnes à l'est, réunit la chaleur de la première, sans avoir son humidité.

L'air, en général, est humide et pesant sur les côtes ; les rosées du soir et les sommeils sur les terrasses sont presque toujours suivis d'accidens (1).

Plusieurs montagnes s'étendent en Syrie.

Les principales sont le Liban (blanc), l'Anti-Liban, le mont Aqqar. On peut dire que toutes les autres tirent, si on peut s'exprimer ainsi, leurs sources de ces montagnes principales.

Un voyageur (la Roque), sans avoir égard à la température du mont Liban (2), qui est extrèmement douce, prétend qu'il n'y a guères de montagnes en Asie qui puissent lui être comparées, et qu'il croit dans l'Eu-

____

(1) Les maladies particulières à la Syrie sont la dissenterie et les fièvres inflammatoires.

(2) Les neiges y tombent au mois de décembre et commencent à fondre en avril jusqu'en juillet.

rope les Alpes et les Pyrénées moins élevées.
Un autre voyageur (Volney) convient bien,
comme lui, que le mont Liban est la montagne la plus élevée de toute la Syrie; il en
donne pour raison que tous les fleuves y
prennent leurs sources (1); mais il n'estime
sa hauteur qu'à 1600 toises. Il est donc in-
férieur aux Alpes, même aux Pyrénées.

Le Liban commence à l'est de Tripoli, et
finit au-delà de Damas.

L'Anti-Liban s'élève près des ruines de
Sidon, et va se terminer aux montagnes du
pays des Arabes. Ces deux monts sont séparés l'un de l'autre par une vallée, appelée
autrefois Cœlœ - Syria, ou Basse - Syrie, et
maintenant vallée de Becquâa.

La terre de ces montagnes est dure; au
contraire, celle des plaines est légère et de
la plus grande fertilité.

Les rivières principales qui y puisent leurs
sources, sont l'Oronte, le Jourdain, la Ba-
radé et le Kasamiech.

Les productions du pays en général sont
le tabac, l'orge, le blé, les dattes, les vignes,

---

(1) Il place ensuite le mont Aqqar et l'Anti-
liban.

le sésame, le doura (1), les muriers blancs, les oliviers et la cochenille, qui vient particulièrement sur les côtes.

On peut compter les peuplades qui habitent la Syrie au nombre de trois, qui se divisent ensuite en différentes sectes (2).

1º. La postérité du peuple conquis par les Arabes, c'est-à-dire les Grecs du Bas-Empire.

2º. La postérité des Arabes conquérans.

3º. Les Turcs-Ottomans.

La première classe se divise :

1º En Grecs propres, dits communément schismatiques (3).

2º. En Grecs-Latins (4).

---

(1) (Holcus Sorgho.) Pendant que le grain de cette plante est en lait, les paysans de l'Egypte le font griller comme le maïs. Ils en mâchent la canne ensuite comme celle du sucre; la feuille nourrit le bétail; la moëlle sert d'amadoue; la canne remplace le bois pour cuire et échauffer le four; du grain on fait de la farine, et de cette farine on fait des gâteaux; et rien de tout cela n'est bon. (Denon.)

(2) Cette division est particulièrement tirée de l'ouvrage de Volney.

(3) Ils habitent presque tous dans les villes et sur les côtes.

(4) Ils sont, comme les premiers, répandus sur les côtes et dans les villes.

3°. En Maronites (1).

Les Arabes :

1°. En descendans des Arabes conquérans et qui font la partie la plus considérable (2).

2°. En Motualis, qui en diffèrent par les opinions religieuses (3).

3°. En Druses, qui diffèrent également des premiers, par les mêmes raisons (4).

---

(1) Ils occupent presque exclusivement tout le pays compris entre le fleuve Nahr-el-Kelb et Nahr-el-Bared. Ils ont par conséquent les Ansariés au nord, et les Druses au midi. On évalue le nombre des Maronites à 115,000 hommes, parmi lesquels il peut y en avoir 35,000 en état de porter les armes. Ils forment dans le Kesrouan, dont les montagnes possèdent des mines de fer, une petite république. On prétend qu'ils tirent leurs noms de l'abbé de Saint Maron qui vivait l'an 400 de J. C. et dont ils embrassèrent le parti dans la querelle qui eut lieu en orient. D'autres veulent qu'ils les tirent d'une partie du Mont-Liban qui s'appelait Maronca.

(2) Ils sont répandus dans toute la Syrie.

(3) Ils occupaient autrefois la vallée de Bequàa jusqu'à Tyr, au nombre de 500 familles ; mais depuis une révolution qu'ils ont éprouvée, ils sont presque anéantis. Le mot motualis, dans le dialecte syrien, veut dire sectateurs d'Aly ; ils prirent en effet ce parti dans la querelle qui partagea les Arabes sur les successeurs de Mahomet.

(4) Les Druses sont limitrophes aux Maronites, et

4°. En Ansariés, ou Nazaréins (1).

Tels sont les peuples agricoles de la Syrie.

habitent depuis Nahr-el-Kell jusque près de Tyr, entre la vallée de Bequâa et la mer. Leur pays confine le Kersouan au sud. Il est divisé en sections qui ont chacune un caractère particulier distinctif. Elles sont el-Manné, el-Garb, el-Saher, el-Schuf, el-Schakif, et el-Ioub; la première est la plus riche en fer, la deuxième en beaux sapins, la troisième en muriers, la quatrième en soies, la cinquième en tabacs, la sixième est celle où ils font retirer les troupeaux pendant l'été, parce que c'est la région la plus élevée et la plus froide; en général, presque toutes les montagnes habitées par eux possèdent des mines de fer.

Le nom de ce peuple lui vient du fondateur de la secte Mohammed-ben-Ismaël, qui portait le surnom d'el-Dorzy. Ils ne pratiquent ni circoncision, ni prières, ni jeûnes, boivent du vin, mangent du porc, et se marient de frère à sœur. Ils ont cependant parmi eux une classe qui a des usages religieux, ils l'appellent Oggals. C'est dans la section el-Schuf que ceux-ci sont en plus grand nombre.

(1) Ils sont divisés en plusieurs peuplades, qui sont les Kelbés, les Quadmusiés, les Chamsiés; ils croyent presque tous en J. C. Les premiers sont adorateurs du chien; les seconds, de la partie chez la femme qui représente le membre viril, et dans une de leurs fêtes ils admettent la communauté des femmes; les troisièmes, du soleil. Ils occupent le pays depuis

Les peuples errans sont :

1°. Les Turkmans (1).

2°. Les Kourdes, assassins (2).

Nahr-Aggar jusqu'à Antioche, et vivent dispersés parmi les Mahométans, les Turcs et les Chrétiens. Le pays est fécond en grains, tabac, vignes et oliviers.

(1) Les Turkmans mènent à-peu-près la vie des Arabes-Bédouins, et n'ont pas plus qu'eux de demeure fixe. Ils sont en nombre dans les pachalics d'Alep et de Damas ; mais ils campent plus volontiers dans les plaines d'Antioche. Ils sont cavaliers vigoureux, soldats infatigables ; et, quoique censés Musulmans, ils s'occupent peu de religion.

(2) Ceux-ci sont également pasteurs et vagabonds comme les premiers ; ils peuvent être en tout au nombre de 140,000 ames. Ils passent tous pour des brigands, et ne s'occupent pas plus de religion que les Turkmans. Ils sont répandus dans les deux Pachalics d'Alep et de Damas, au nombre de 20,000, et demeurent plus volontiers dans les montagnes, entre Alexandrette et l'Euphrate, qui sont couvertes de chênes, de bois, de lauriers, d'ifs, de sapins, de myrthes, et dans le Kurdistan. Le nom d'assassins qu'ils ont porté, paraît leur être venu du mot Arsacie qu'ils habitaient autrefois. Ils se divisent en Chamsiés ou adorateurs du soleil, et Jésides ou adorateurs de Jésus ; mais ils ne croyent à la venue du Christ que comme prophète. Ils n'aiment d'ailleurs pas plus les Chrétiens que les Mahométans.

3º. Les Arabes-Bédouins (1).

La Syrie se divise en pachalics ; savoir : celui de Damas, de Tripoli, d'Acre, d'Alep, et la Palestine qui, quoiqu'elle ait eu autrefois un pacha, est maintenant un district indépendant.

~~~~~~~~~~~~~~~~~~~~~~~~~~~~~~~~~~~~~~

CHAPITRE II.

Route dans le désert. Prise d'el-A'rych.

LES divisions Kléber et du général Regnier précédèrent les autres, et s'avancèrent dans les déserts qui séparent l'Afrique d'avec l'Asie. Elles partirent, la première de Damiette, en s'embarquant sur le lac Menzaléh, la seconde de Saléhieh, où nous avions élevé un fort en bois, non capable de résister aux attaques d'une force considérable, ni d'ar-

____

(1) Ils habitent en partie dans la Palestine, et en partie dans la vallée de Bequâa. Quoique censés Musulmans, ils ne s'occupent pas plus que les autres de religion, et conservent seulement sur les frontières de la Syrie, quelqu'apparence de Musulmans, afin de ne point indisposer contr'eux les habitans.

8..
~~~~~~~~~~~~~~~~~~~~~~~~~~~~~~~~~~~~~~

rêter une armée, mais suffisant pour se garantir des Arabes, des paysans, et protéger
les magasins qu'on y avait établis. Les deux
divisions, après l'épreuve terrible d'une
marche fatigante de deux jours, dans des
sables qui vous abîment les yeux et la figure,
lorsque le moindre vent les agite, arrivèrent
à Cathieh. Ce sont des citernes entourées de
palmiers. Cet endroit est à quatre lieues du
bord de la mer, et moins loin de Tinéh,
autre endroit sur les bords du lac Menzaléh;
ce lac pouvait servir aux transports des subsistances. On les amenait sur des barques,
et débarquées à Tinéh, on les fesait filer à
dos de chameaux jusqu'à Cathieh, et par la
suite jusqu'à El-A'rych.

Ces deux divisions séjournèrent à Cathieh,
et s'avancèrent ensuite vers la Syrie. Elles
reconnurent auparavant les citernes qui sont
presque sur le bord de la mer à une lieue
d'El-A'rych : on les appelle fontaines de
Massoudiac. Les Mamloucks y avaient des
postes avancés qui se retirèrent à l'approche des Français. Nos divisions marchèrent
sur le fort, et par un combat meurtrier,
chassèrent du village la garnison obligée de
se retirer après avoir perdu beaucoup de

monde. Cependant les Mamloucks , qui avaient leur corps d'armée à Kan-Jounes , revinrent en force pour faire lever le siége d'El A'rych. Ils campèrent sur une hauteur, qui semble avoir été autrefois la rive d'un fleuve qui allait se jeter dans la mer , et dont on distingue facilement le lit : le général Regnier les laissa s'établir , et dans la nuit les attaqua si vigoureusement , que les ennemis partirent et ne revinrent plus. ElA'rych est un fort construit au milieu des sables , entouré vers le nord de quelques baraques en pierres, dont nos troupes avaient expulsé les assiégés. La garnison n'avait point de canons , ce qui nous rendait trèsfacile l'approche des murs. La tranchée fut ouverte hors de la portée du fusil , et l'on établit , à deux toises des murailles , une batterie de petites pièces qui devaient battre en brèche.

Le quartier-général , la cavalerie, le parc d'artillerie suivirent successivement les divisions Kléber et du général Regnier.

Petit-à-petit toute l'armée s'avança dans le désert. Il y avait à Cathieh quelques vivres que l'ordonnateur en chef avait fait rassembler à la hâte. On distribua du pain à la troupe pour plusieurs jours, mais il fallait absolument prendre El-A'rych. Les soldats chargés de leurs bagages, de leurs armes, d'eau et de vivres, se traînaient avec peine au milieu des sables brûlans, qui, cédant sous leurs pieds, les fesaient reculer, pour ainsi dire, à chaque pas qu'ils fesaient. S'ils se reposaient, c'était sur un terrain que la main pouvait à peine toucher, et sans trouver l'ombre d'un arbuste qui pût les garantir de l'ardeur du soleil : pour appaiser la soif, ils n'avaient qu'une eau saumâtre qu'ils se disputaient souvent, et que le cheval refusait de boire. Les employés de l'armée évitaient, dans cette route pénible, d'approcher les colonnes ; ils étaient à cheval, et excitaient naturellement la mauvaise humeur du soldat, qui murmure lorsqu'il voit des êtres souffrir moins que lui.

Je suivais toujours le quartier-général. Après avoir dépassé Cathieh, nous couchâmes au puits de Bir-el-Ayoub. Le général Regnier avait, dans l'attaque des maisons qui entouraient le fort d'El-A'rych, pris quelques hommes. La garnison de ce mauvais château était composée d'Arnautes et de Maugrabins.

Le lendemain, la nuit nous gagna en route. Plus nous approchions des bords de la mer, plus nous sentions le vent et les sables qu'il chassait : bientôt les traces des chevaux, des roues de canon disparurent entièrement ; nous marchions comme sur une terre couverte de neige. Dans le désert, le déplacement des montagnes est commun, et malheur à celui qui n'aurait d'autres moyens de direction que la hauteur des collines inconstantes que nous trouvions à chaque pas. Le Général en chef fut obligé de s'arrêter, d'envoyer ses aides-de-camp et des guides de tous les côtés, pour reconnaître le chemin que nous pensions avoir perdu. On descendit de cheval, et la figure plus près du sol, nous cherchions ainsi les traces des premières divisions : il restait la ressource de nous jeter tout-à-fait sur la gauche et de gagner la mer ; nous aurions plus sûrement trouvé les fontaines de Massoudiac, mais nous pouvions être éloignés du rivage, et la fatigue, le besoin nous fesaient desirer vivement de l'eau et du repos. Enfin, après quelques instans d'une incertitude toujours pénible dans une semblable situation, on reconnut notre chemin, et quelques coups de fusil nous ramenèrent les guides, qui s'étaient éloignés pour aller à sa perquisition.

Le 29 pluviose, le quartier-général arriva à El-A'rych ; les divisions l'entouraient, et la tranchée était ouverte. Au bout de quelques jours, la garnison se rendit et fut congédiée : une partie entra dans notre armée, événement singulier, mais auquel nous étions habitués en Egypte ; nos ennemis devenaient tout-à-coup nos alliés, et combattaient avec nous : les Maugrabins prirent place au milieu de nos troupes, et nous suivirent en Syrie.

Une distribution de riz, attendue avec impatience, et pillée devant les tentes du quartier - général, malgré tous mes efforts et ceux d'un adjudant-général, fut cause de ma disgrace momentanée. Je fus nommé commissaire des guerres d'El - A'rych ; je commençai mes fonctions par faire enlever les cadavres qui remplissaient le fort et les maisons extérieures. Je ne restai heureusement pas long-tems dans cet affreux séjour ; j'en partis avec la division du général Regnier, qui suivit l'armée deux jours après.

Nous avons perdu quelques hommes au

fort El-A'rych, et souvent par nos propres armes. Les pièces dont nous nous servions pour battre en brèche étaient fort petites; l'ennemi n'en ayant point pour défendre l'approche de son fort, nous tirions sans avoir besoin de protéger nos canonniers par une batterie établie selon les règles. Nos boulets frappaient les tours du fort, ricochaient, et souvent allaient tomber dans nos divisions.

La nécessité nous fit goûter, à ce siége, d'un mets tout-à-fait nouveau pour nous. Nos soldats mangèrent beaucoup de cœurs de palmiers : ils sont blancs et tendres ; le goût ressemble assez à la noisette, mais c'est un aliment lourd et d'une digestion pénible. Le palmier est peut - être l'arbre du plus grand usage ; tout le monde connaît la bonté de son fruit : le noyau pilé devient pour les dromadaires une pâte que les Arabes leur distribuent, lorsqu'ils sont en course dans les déserts.

Les feuilles servent à faire des couffes, des paniers de toute espèce ; les rameaux, des divans, des cages et tout ce qui peut contribuer à meubler des appartemens ; les branches qui portent le fruit font des balais : l'espèce de chemise qui enveloppe la naissance des rameaux, fait des cordes ; l'arbre lui-même sert à la charpente et à la construction des maisons. Ainsi dans cet arbre précieux, rien n'est perdu, et les services qu'il rend payent au centuple les soins du cultivateur.

CHAPITRE III.

Arrivée à Ghazah. Prise de Jaffa.

La division Kleber traversa le désert qui sépare El-A'rich et Kan-Jounes. Elle s'égara pendant quarante-huit heures, et souffrit tout ce que la chaleur et la soif ont de plus cruel. Kleber fit fusiller son guide qu'il crut infidèle.

Bonaparte et son quartier-général, supposant que les premières divisions, suivant celle de Kleber, avaient dû s'emparer de Kan-Jounes, quitta El-A'rich pour atteindre le village. Il y parvint ; mais au lieu d'y trouver nos divisions, ce furent les Mamloucks, qui s'y étaient retirés depuis le combat d'El-Arych. Il fut obligé de rebrousser jusqu'au Santon, où arrivèrent les divisions égarées. C'est dans cette circonstance encore que l'étoile de Bonaparte le protégea de nouveau évidemment. Si la terreur n'eût fait fuir l'ennemi, si l'homme habitué au combat eût jugé d'un coup-d'œil froid la force du quartier-général, Bonaparte eût été poursuivi, peut-être pris ; mais la fortune, fixée près de lui, le sauva. *Il faut croire au fatalisme.*

La division Regnier arriva à Kan-Jounes, que l'armée avait déjà quitté. Nous laissâmes ce mauvais village, et nos yeux distinguèrent avec ravissement une nouvelle verdure. Ce jour fut charmant pour moi ; le ciel était couvert de nuages, la chaleur modérée, et je reçus quelques gouttes d'eau avec la même avidité que la plante desséchée qui va s'éteindre, si elle n'est rafraîchie. Les prairies, des arbres qui n'étaient point des palmiers, dont l'aspect monotone nous avait fatigués depuis si long-tems, quelques oliviers me firent croire un moment que j'étais en Europe. Nos soldats, habillés en toile bleue, reçurent avec soumission les premières pluies ; mais bientôt,

percés de toutes parts, ils maudirent autant
la pluie, que le ciel pur et brûlant de
l'Egypte. Ici l'expédition changea de caractère ; en Egypte, nos marches étaient pénibles, mais la nuit le soldat reposait paisiblement sous une voûte parsemée d'étoiles
brillantes ; en Syrie nous trouvâmes toutes
les vallées mouillées par les ondées considérables qui les fertilisaient, et le soir, le
soldat, couvert de boue, ne pouvant chan-
ger d'habillement, mettait le feu à un oli-
vier pour se sécher. Suivons l'armée, et
nous verrons incessamment que par-tout
une conquête s'achetait, non-seulement par
un combat, mais toujours par de continuelles souffrances.

Dans la joie que j'éprouvais à me voir
mouillé et à reposer mes regards sur une
aimable verdure, j'oubliais tout ce que j'a-
vais souffert, et je pensais alors qu'on gagnait à être malheureux, le plaisir de trouver des jouissances dans les moindres choses.
Certes, la plaine de Ghazah ne m'eût fait
qu'une impression désagréable, si je l'eusse
visitée en quittant la Belgique et le Piémont ;
mais au sortir du désert, c'était l'Elysée.
Pour achever de me réjouir, je fis une ren-

contre fortunée ; ce fut celle du général Junot, qui venait rejoindre l'armée , et fesait un fort bon déjeûné sur l'herbe. Il m'offrit de le partager , et j'avoue que je fis là un des meilleurs repas de ma vie. Je bus du vin.... Peut-on se faire une idée du plaisir de boire un verre de vin, lorsqu'on ne s'est désaltéré pendant quinze jours qu'avec de l'eau saumâtre : cet événement me parut d'un heureux augure pour ma nouvelle campagne ; je suivis le général Junot jusqu'à Ghazah , où était campée l'armée.

Je trouvai l'ordonnateur en chef qui avait élevé sa tente au milieu des tombeaux. Le quartier-général était campé dans un jardin , dont le sol était labouré , à la droite de ces mêmes tombeaux , et presque vis-à-vis une des portes de Ghazah. L'ordonnateur Daure me revit avec plaisir, et je repris ma place auprès de lui, quoiqu'il ne me rendît point mes fonctions de commissaire des guerres du quartier-général.

Le lendemain 8 pluviose , je m'occupai de visiter la ville et d'examiner son terrain, ses productions ; je ne voulais pas que mon voyage fût infructueux.

Ghazah, située à une demi-lieue de la mer, n'est peuplée que de deux mille ames. C'est un composé de trois villages, dont le château, situé sur une colline de peu d'élévation, sépare le premier des deux autres.

Quelques ruines en marbre blanc, que l'on trouve dans la ville, prouvent que jadis elle fut le séjour du luxe et de l'opulence.

Le nom de Ghazah, qu'elle porte, signifie *un trésor* en ancien persan. Il paraît qu'elle tire l'origine de son nom des magasins considérables qu'y réunit Cambyse dans la guerre contre l'Egypte. Elle fut appelée ensuite *Ione*, *Minoa*, et la mer qui lave les côtes depuis Ghazah jusqu'en Egypte, mer *Ionienne*. Cette cité était dans le pays de *promission*, et devint le partage de la tribu de Juda.

Elle avait autrefois un port, qui n'existe plus. Cependant cette circonstance ne doit point élever de doute sur sa position actuelle. Ces changemens que le tems opère, sont fort communs ; Askalan en est encore une preuve, et de nos jours nous en avons quelques exemples.

Le sol du territoire est très-fécond, et si léger, qu'on a de la peine à trouver un caillou dans les plaines ; ses jardins, arrosés d'eau vive, produisent, sans le secours de l'art, des grenades excellentes, des dattes fort bonnes et des cédrats remarquables par la forme et la grossseur.

La branche principale d'industrie des habitans, est la fabrication des toiles de coton ; ils font aussi du savon.

Dans la nuit du 8, il tomba une pluie abondante. Je m'étais couché tranquillement sur un matelas, dans la tente de l'ordonnateur Daure, et notre sommeil était si profond, que nous n'entendions point l'orage. Cependant les eaux commencèrent à s'écouler ; et, comme elles traversaient ordinairement les tombeaux où notre tente était élevée, nous fûmes bientôt réveillés en sursaut. Une table fut d'abord soulevée, et alla, emportée par le torrent, frapper l'Ordonnateur assez rudement : il m'appela en poussant des cris de surprise, et nous nous mîmes à chercher, à tâtons, nos bottes, nos chapeaux, nos habits ; nos manteaux, nos matelas étaient entièrement trempés, et nous fûmes obligés de les abandonner.

Au milieu de ce désastre, quelques soldats avaient enfoncé un des tombeaux les plus élevés, et troublant le séjour de la mort, en avaient fait un abri contre l'orage. C'est là que nous nous sauvâmes nous deux, l'Ordonnateur, et que nous achevâmes la nuit, abîmés par la fumée du feu que nous avions allumé pour nous sécher, et tourmentés par le sommeil. Le lendemain, toute l'armée se ressentait de la mauvaise nuit passée, et le Général en chef fut obligé d'abandonner le jardin où il s'était établi d'abord : il eût été impossible d'y rester, on ne pouvait plus marcher sur la terre labourée ; les soldats ne s'étaient préservés de la pluie qu'en allumant de grands feux ; les oliviers, à cause de l'huile qu'ils contiennent, s'enflammaient avec rapidité, et leur procuraient une chaleur bienfaisante. Ce fut là, je crois, le principe des maladies qui nous accablèrent par la suite. La température froide et humide de la Palestine, sur-tout au moment où nous y étions, devait naturellement agir sur nos corps, qui avaient contracté l'habitude de suer abondamment. Nous nous retrouvâmes en France pour le climat, et la guerre devenait d'autant plus pénible, que nous n'avions rien pour nous abriter, et que notre

subsistance dépendait presque toujours des
ressources que l'ennemi nous laissait : il
était presqu'impossible de faire venir par
terre des convois de Saléhieh ; par mer ,
nous aurions eu bien des facilités , mais les
Anglais croisaient toujours sur les côtes d'E-
gypte et de Syrie. Les approvisionnemens
étaient donc très-difficiles. Les Mamloucks
vinrent à notre secours. Ignorant l'art de
faire la guerre , quoique se battant bien in-
dividuellement, ils avaient toujours soin de
nous laisser des magasins bien approvisionnés et même des munitions de guerre. C'est
ainsi qu'à Ghazah nous trouvâmes, dans le
fort, de la poudre et du biscuit.

Le 10, l'armée se mit en marche.

Quel pays intéressant nous laissions sur
notre droite, et que je desirais vivement de
le visiter ! Qu'il m'eût semblé beau de parcourir Jérusalem avec la bible, et de chanter
le Tasse sur ses murailles renversées ! De quel
bonheur jouit l'homme instruit, me disais-
je ! Quel supériorité il a sur les autres ! L'i-
gnorant foule sans regrets la terre sur laquelle il marche ; l'homme instruit s'arrête
à chaque pas ; une pierre , un monument
quelconque lui rappelle un combat qui dé-

cida du sort d'un Empire ou de la destinée
d'un héros. Tel monticule , indifférent pour
tout autre , lui offre un trait d'histoire ou le
siége d'une grande ville que le tems a ef-
facée. Ainsi l'ignorant végète sur la terre ,
tandis que l'homme instruit vit dans le passé,
dans le present , et souvent dans l'avenir.
Voilà le fruit des études , et la récompense
bien douce des veilles du savant. Tantôt je
maudissais mon ignorance sur bien des choses , et tantôt je rendais mille grace à ceux
qui , dans ma jeunesse , avaient fait naître
chez moi le besoin de l'instruction. A Ghazah,
je voyais Samson surpris chez une femme de
la ville , s'échappant des mains de ses ennemis , trompant leur précaution en empor-
tant , sur le mont Hébron , les portes fermées , pour mieux le saisir. Souvent mon
imagination me fesait voir des Juifs, des
Philistins , ou bien s'embellissant des charmes du Tasse , dans un Arabe, le fier Ar-
gant ; mais mon égarement , je l'avoue , ne
put jamais aller jusqu'à me faire concevoir
l'espoir de rencontrer un nouveau Tan-
crède ou la belle Clorinde. Les lieux sont
bien changés depuis nos croisades , et je
ne crois pas que le poète fût bien inspiré ,

s'il n'avait sous les yeux que les tristes oliviers de la Palestine, et les malheureux villages qui la peuplent.

Le 11 ventose, nous couchâmes à Esdoud. C'est l'ancienne Azoth. O tems barbares, disais-je en moi-même, voilà donc Azoth ?

On ne s'accorde point sur l'origine du nom de cette ville ; mais en regardant ses mazures affreuses, qui ne sont célèbres actuellement que par la quantité de scorpions que nous y trouvâmes, j'avais de la peine à penser qu'elles eussent soutenu autrefois le plus long siége de l'histoire profane et sacrée : un siége de 29 ans. On adorait dans ses murs, peut-être florissans, l'idole de Dagon.

Ici nos soldats, trempés continuellement par la pluie qui ne cessait de tomber, embrâsaient les oliviers pour se chauffer la nuit; le feu les garantissait aussi du nouveau fléau que nous commencions à rencontrer, les insectes dégoûtans.

En partant de Ghazah, nous avions suivi un chemin presque toujours semé d'oliviers; Nous laissions, sur notre gauche Askalan, l'ancienne Askelon. Ah! disais-je en moi-même en regardant ces sables qui annoncent le voisinage de la mer « l'armée passe à côté

« de ce village, et ignore peut-être qu'il fut
« la patrie de Sémiramis, reine d'Assyrie ;
« que c'est dans ses environs qu'elle fut nour-
« rie par des pigeons ; Sémiramis ! qui ne
« dut qu'à sa beauté le rang où l'éleva Ninus».
Quelle dégradation ! Askalan n'était point
cependant un endroit fort intéressant ; c'é-
tait un port de mer, et maintenant il est
à plus de 600 pas de ses eaux, qui baignaient
des ruines que l'on distingue encore dans
les sables.

Après avoir bivouaqué à Esdoud, ou
Azoth, la division du général Regnier, que
je suivais encore, continua sa route en suivant la côte. Nous fûmes arrêtés au torrent
qui coule entre Yabné et Jaffa, et près du-
quel nous fûmes obligés de rester un jour
et demi avant que les eaux, grossies par
les orages qni nous avaient escortés jusqu'a-
lors, se fussent écoulées.

Nous étions campés près d'un pont, sur
lequel les hommes pouvaient passer, mais
non les pièces d'artillerie, les chevaux et
les bagages ; le courant diminué, nous quittâmes le torrent, et nous nous acheminâ-
mes sur Jaffa, où étaient arrivées déjà les
premières divisions et le quartier-général.

Nous suivimes toujours les dunes. Quelques lieues après le ruisseau qui nous avait retardés, nous découvrîmes devant nous des bœufs, des vaches et des veaux dispersés et abandonnés; ils prirent la fuite à notre approche. Nous les poursuivîmes : dans la circonstance c'était une fort bonne chasse, et nos soldats les eûssent bientôt partagés. Nous prîmes donc nos armes, et courûmes sur eux; les aides-de-camp du général Regnier, le chirurgien-major de la division, quelques employés et moi, nous prîmes le galop et donnâmes la chasse à ces pauvres animaux. Bientôt ils se divisèrent, et les chasseurs aussi. Pour mieux joindre sa proie, l'un prit à droite, l'autre à gauche. Le chirurgien-major, attaché à suivre un beau bœuf qu'il était sur le point d'attraper, s'éloigna de quelques pas de nous et de la division. Des Arabes cachés derrière les monticules qui couvraient notre route se jetèrent sur lui, le massacrèrent sous nos yeux. Le général Regnier pressa son cheval pour voler au secours de son chirurgien, il était trop tard. Plusieurs coups de sabre sur la tête lui avaient ôté la vie. Les Arabes, après l'avoir dépouillé, l'avaient laissé mort et emmené son cheval.

Nous vîmes les coquins s'éloigner du côté de Ramléh. Ils étaient assez nombreux, mais le général Regnier n'ayant point de cavalerie, ne pouvait les poursuivre; pendant ce tems-là, je courais à gauche sur un joli veau qui me tentait fort; je lui avais asséné déjà plusieurs coups de sabre, mais ces coups, quoique profonds, ne l'avaient point arrêté; un volontaire me suivait dans mes détours, et d'une balle il coucha par terre le veau, qui lui promettait un fort bon repas. C'est parce que mon étoile me conduisit sur la gauche de la division, que je ne partageai point le sort malheureux du chirurgien. *Ne faut-il pas croire au fatalisme?*

Enfin j'arrivai devant Jaffa; la division Bon avait pris position sur la droite, le quartier-général sur une colline, au bas de laquelle se trouvait une mare d'eau qui servait pour les chevaux.

Je revins auprès de mon ordonnateur en chef. Il expédiait un convoi de chameaux pour aller à Ramléh et à Loudde, l'ancienne Lydda et Diospolis, prendre des vivres pour les hommes, et des grains pour les chevaux : c'était toujours graces aux soins de nos ennemis que nous trouvions des magasins approvisionnés. Ramléh et Lydda alimentèrent l'armée pendant le siége. Je partis donc pour Ramléh avec ce convoi ; nous fûmes escortés pendant toute la route par des Arabes, qui n'osèrent point cependant nous approcher trop. J'arrivai dans la matinée, après avoir traversé une fort belle plaine. Nous avions devant les yeux les montagnes de Nablous et de Jérusalem ; près de Ramléh nous aperçûmes quelques oliviers plantés en quinconce ; je cherchai le moulin à vent que les historiens disent exister près de cette ville , mais je ne pus le découvrir.

Ramléh est l'ancienne Arimathia , et la patrie de Nicodème et de Joseph ; elle n'a guères actuellement plus de 200 familles. Les habitans y font du savon , qu'ils envoyent en Egypte et en Syrie. Je fus reçu dans un couvent de moines, où je fus fort bien traité. J'y déjeûnai le lendemain, et revins à Jaffa avec mon convoi chargé. Il est inutile de dire que nous rencontrâmes encore les Arabes, et qu'ils nous escortèrent de nouveau jusqu'au camp. Ils ne se lassaient point d'attendre ; ils espéraient toujours que quelqu'imprudent ou fanfaron se livrerait à leurs coups, ce qu'ils espéraient rarement en vain ;

les pertes de l'armée se renouvelaient toujours par les assassinats.

De retour à Jaffa, je fus réinstallé dans
mes premières fonctions ; le général Berthier
m'ayant rencontré me fit amicalement , en
riant, le reproche d'avoir abandonné le quartier-général.

Les maladies commencèrent avec le siége,
et causèrent de grands ravages. Une fièvre
se présentait sous des symptômes singuliers :
elle couvrait la peau de taches semblables
aux morsures de puces, et emportait le malade en trois jours.

Lorsque mon service ne m'occupait point,
j'allais me promener aux batteries de brèche,
curieux de voir un siége , et de connaître
par moi-même les dispositions que l'on prenait pour emporter Jaffa d'assaut. Tout était
du plus grand intérêt pour moi ; c'était ma
première campagne , et pour mon début j'en
fesais une remarquable. Je pensais encore
qu'un jour j'aurais la facilité d'écrire ce que
j'aurais vu , et ce motif m'excitait à ne laisser rien échapper. Je suivis donc les travaux
avec attention , et j'étais impatient d'en voir
l'heureux résultat ; ce jour arriva le 17 ventose. L'ordonnateur en chef se rendit vers

les 4 heures du soir à la batterie de brèche, située au sud-ouest de la place , non loin de la mer. Je l'accompagnai avec plaisir, et nous y trouvâmes Bonaparte et le général Berthier; le chef de la 22e. légère venait d'être blessé mortellement à la tête ; on l'avait retiré dans une maison, au milieu des jardins qui entourent Jaffa , où il expira après quelques heures d'agonie.

Au moment où nous arrivâmes, la brèche devint praticable. On battit la charge, et les troupes entrèrent dans la maison carrée dont la muraille, heureusement faible, cédant aux coups de nos pièces de douze , venait d'ouvrir un passage. Quelques-uns de nos soldats sont d'abord victimes de leur ardeur ; mais bientôt la terreur éloigne nos ennemis, et le nombre de nos guerriers augmentant, chacun en marchant sur les cadavres , pénètre dans les rues ; les maisons deviennent autant de forts qu'il faut prendre de vive force. Le soldat excité par le bruit et la poudre, se livre à toute la fureur qu'autorise l'assaut; il blesse, il tue, rien ne peut l'arrêter , et par-tout l'amour de la gloire augmentant son ardeur, lui fait oublier une blessure dont il ne s'aperçoit qu'à la fin du combat. Le désordre préside à tout. Qu'il est difficile d'arrêter le soldat dans une semblable circonstance! La garnison est passée au fil de l'épée; elle eut le salaire qu'elle nous promettait en sortant avec des couffes à la main pour emporter les têtes des malheureux que le sort sacrifiait. Rien ne nous sauvait de la mort, la garnison devait s'attendre à la recevoir, et sa résignation fut noble et fière. Point de larmes, point de cris; un vieillard se fit enterrer vif dans les sables de la mer; chacun se lavait avant de mourir, et l'œil sec, donnant et recevant l'adieu éternel, semblait défier la mort, et dire : « Je quitte ce monde pour aller jouir, « auprès de Mahomet, d'un bonheur dura- « ble ». C'est ici que l'on voit la force que peut donner, dans les derniers momens, la religion ou le fanatisme. Ainsi ce bien-être après la vie, que nous promet notre croyance, soutenait le mahométan vaincu, mais fier dans son malheur.

Le Général en chef attendait, pour quitter la batterie de brèche, qu'on vînt lui annoncer la prise intérieure de Jaffa; je restais toujours auprès de mon ordonnateur, et nous donnions quelques secours aux malheureux blessés. Dans ce moment victorieux, on voit rarement le soldat s'occuper de son camarade, j'en donnerai bientôt un exemple frappant. Le chirurgien en chef Larrey, d'une grande activité, recommandable surtout par son obligeance et son zèle, etait près de nous, et fesait mettre les premiers appareils sur les blessures des officiers ou soldats qui revenaient de la ville. Lorsque le passage fut assuré, tout le monde se précipita pour pénétrer dans la ville; les uns pour avoir des chevaux, des armes pour les vendre, et les autres pour les acheter à bas prix. C'est dans cet instant que le général Berthier m'ordonna de prendre un détachement de carabiniers, et d'aller enlever les blessés qui se trouvaient à la brèche; joyeux d'une mission qui satisfesait mon cœur, je partis; j'arrive sur la brèche, je pénètre dans la maison carrée, et démêle parmi des cadavres ensanglantés et défigurés par les matériaux qui les avaient accablés, quelques soldats français respirant encore, et réclamant mes soins d'une voix étouffée et déchirante. A la vue de ces victimes mon cœur s'enflamme, et j'appelle les carabiniers qui doivent me suivre ...... aucun n'était resté. Tous s'étaient jetés dans la ville, et m'avaient abandonné. Je m'occupais néanmoins de sauver ceux qui pouvaient s'aider eux-mêmes; un malheureux grenadier d'une demi-brigade légère, dont je ne me rappelle point le numéro, était en travers de la petite porte qui nous avait introduits dans Jaffa. Il était percé au-dessous du sein droit d'un coup de feu qui avait traversé son corps de part en part; il me demanda d'abord avec instance de lui dire, si la balle était passée, il se retourna avec peine pour me faire voir son dos, et la nouvelle que je lui donnai que la balle n'était plus dans son corps, parut d'abord le soulager un peu. Je l'engageai à faire des efforts pour se lever, et à sortir au moins de la maison carrée, où je prevoyois que bientôt les assiégeans allaient revenir avec les dépouilles des ennemis; mais le découragement s'étant emparé de l'esprit du grenadier, et souffrant horriblement, il me demanda de le retirer dans un coin de la chambre, afin qu'il pût y mourir tranquillement. J'allais remplir sa volonté, lorsqu'un soldat tenant un superbe cheval par la bride, s'avança à la petite porte de la chambre sans faire attention à son camarade, et voulut

passer sur son corps ; ici mon cœur se sou-
leva, et n'écoutant que mon indignation et
ma sensibilité, bien ridicules dans une ville
prise d'assaut, je me mis à menacer le soldat et à le repousser ; mais lui-même en-
traîné par la foule qui le pressait par derrière, me força de m'éloigner, et passa malgré mes efforts en se moquant de moi.
J'ignore ce qu'a pu devenir le malheureux
grenadier qui m'intéressait si fortement, et
qui peut-être n'aura pu se sauver. Les soldats
revinrent chargés d'armes, et conduisant les
chevaux qu'ils avaient capturés ; voyant
qu'il m'était impossible de remplir la mission qui m'était ordonnée, je descendis la
brèche, et trouvai au bas le Général en
chef et le général Lannes. On avait planté
sur les décombres un drapeau de la demi-
brigade qui était montée la première à l'assaut, et Bonaparte se reposait sur une petite pièce de trois qu'on avait amenée près
de la muraille. Il reçut à la fin les habitans de la ville qui sortaient en masse de
leurs maisons. On les rassura et on les ren-
voya : les Egyptiens eurent également la facilité de retourner au Caire.

J'entrai dans la ville. Après en avoir par-

couru les rues ensanglantées , j'eus le bonheur de sauver un malheureux Egyptien ,
blessé dangereusement au pied , qui peut-
être eût été confondu dans le nombre des
victimes de ce siége , en lui donnant à
conduire un cheval que j'avais acheté à bon
marché. J'ignorais encore la disposition de
Bonaparte ; j'amenai mon captif dans ma
tente , je lui fis entendre qu'il fallait qu'il
s'occupât de mes chevaux jusqu'au moment
où je pourrais le renvoyer sûrement au
Caire. Je le fis soigner , et j'eus bientôt le
plaisir d'apprendre qu'il pouvait aller en
Egypte. Il partit avec un convoi de chameaux. Toutes les fois que cet homme m'a
rencontré , à mon retour de Syrie , il s'est
toujours précipité devant moi , en me bai-
sant les mains avec les expressions tacites ,
mais bien éloquentes de la reconnaissance
la plus vive. Si j'ai raconté cette anecdote ,
ce n'est point pour parler avantageusement
de moi ; tout homme ne fait que son devoir
en fesant le bien , mais comme ce bien même
porte avec lui sa récompense , je n'ai pu
m'empêcher de peindre au lecteur la jouissance que cause le souvenir d'un bienfait
dans le cœur du bienfaiteur.

Le lendemain je revins à Jaffa , c'est alors qu'une ville prise d'assaut est effrayante. Les têtes sont refroidies , et les horreurs de la guerre se présentent sous des couleurs plus hideuses. Nous avions établi un hôpital dans un couvent de moines. J'y allai le même jour , avec le général Leturcque , distribuer un sac de piastres aux soldats blessés.

Après la prise de Jaffa , les divisions se rapprochèrent des murailles. Il est probable que les maladies devinrent plus dangereuses , du moment que nos soldats eurent communiqué avec la garnison de Jaffa. Si celle qui nous enlevait tant de monde n'était point la peste , elle en avait du moins le caractère , c'est-à-dire , le bubon. Sur l'inquiétude que l'on témoignait dans l'armée , sur la terreur que pouvait répandre le nom si terrible de cette affreuse épidémie , le Général en chef vint visiter lui-même l'hôpital ; et , s'approchant des soldats , il les questionna presque tous , et les rassura, en communiquant avec eux , sur le danger d'une maladie qu'il ne redoutait point. Je raconterai par la suite quelques anecdotes sur la peste , qui pourront servir à la caractériser.

Jaffa est l'ancienne Joppée. C'était une des principales villes de Phénicie. Elle a conservé le nom du roi Joppe. C'est dans cette même ville que Persée délivra Andromède.

Joppée fut prise par Jonatham , fils d'Absalom. Il en chassa les habitans et la peupla de Juifs. Cette place devint alors le port de mer le plus considérable de la Judée.

Maintenant il est comblé , mais nettoyé il pourrait recevoir environ une trentaine de bâtimens. Jaffa a deux sources d'eau vive. C'est dans ses murs qu'arrivent les riz de Damiette , et aussi par son commerce que sortent tous les cotons filés de la Palestine.

Avant les deux derniers siéges que cette ville eut à soutenir contre les Mamlouks , ses environs étaient fort agréables.

Le 24 ventose , après avoir laissé une garnison , l'armée partit de Jaffa pour s'avancer sur Saint-Jean d'Acre.

CHAPITRE IV.

Arrivée devant Saint-Jean d'Acre.
Premier voyage au Jourdain.

Avant de quitter la position qu'il occupait à Misky, Kléber fit pousser une reconnaissance dans les montagnes qu'il avait à sa droite : elles avoisinent le pays de Nablous et de Jérusalem. Le territoire de Nablous fut célèbre anciennement sous le nom de royaume de Samarie. Le général Damas commanda cette reconnaissance, mais à peine le petit nombre de troupes qui l'accompagnait s'était-il engagé dans des défilés étroits et pénibles, que les Naplouzins vinrent les assaillir, et blessèrent dangereusement au bras le général Damas. Habitués à faire la guerre dans leurs montagnes, ils se cachaient derrrière des rochers ou des arbres, et leurs coups étaient presque toujours assurés. Les Français furent obligés de se retirer au camp ; et le 24 ventose les divisions, qui avaient formé le blocus de

Jaffa, arrivèrent avec le quartier général au camp de Kléber. Nous rencontrâmes en route le général Damas porté sur un brancard, et qui, ne pouvant suivre l'armée, retournait à Jaffa pour passer ensuite en Egypte.

Le 25 les divisions se mirent en marche sur Zéta. J'avais d'abord pensé que l'on suivrait le côté, mais je vis bientôt que le Général en chef, instruit du mouvement des ennemis, s'avançait un peu plus sur la droite pour les rencontrer. A midi on distingua quelques cavaliers, et bientôt un corps considérable sur les hauteurs de Korsoum. Les divisions se formèrent en bataillons carrés, et s'avancèrent sur l'ennemi. La division du général Lannes se jeta sur la droite d'une vallée qui séparait Korsoum et les montagnes de Nablous. Elle attaqua ces mêmes Naplouzins, qui, connaissant mieux que nous les défilés, les chemins couverts, tout en se retirant devant nos troupes, se battaient avec un certain avantage. La division du général Lannes perdit plusieurs soldats et un chef de brigade de son infanterie. Pendant cette affaire, les autres divisions, gravissant les hauteurs de Korsoum avec la cavalerie , fesaient fuir devant elles les Mamlouks à coups de canons et d'obusiers. Arrivés à la position de l'ennemi , nous l'aperçûmes dans la vallée à nos pieds, se retirant au petit galop. C'était toujours un spectacle superbe que cette cavalerie marchant sans ordre , et ces drapeaux de diverses couleurs qui s'agitaient au milieu d'elle. L'armée descendit la montagne de Korsoum , et vint camper à la tour de Zéta où l'on pansa les blessés de la division du général Lannes.

Le lendemain nous couchâmes à l'entrée de la plaine de Saint-Jean d'Acre , après une route bien pénible dans des terres imbues de la pluie abondante tombée depuis plusieurs jours. Les chevaux , les ânes , les chameaux enfonçaient à près d'un pied , et plusieurs , épuisés déjà par la fatigue , ne purent se retirer de ce limon. Les difficultés pour faire avancer l'artillerie étaient plus grandes encore , et l'on était obligé souvent de mettre dix à douze chevaux sur une petite pièce. Nos chameaux habitués à vivre sous un ciel plus serein , avaient presque tous de la peine à résister à l'humidité qu'ils redoutent. Quoique cet animal ne paraisse pas exiger beaucoup de soins , il dépérit si on ne le protège , sur-tout contre les insectes qui viennent assiéger sa moindre plaie.

Le soir du 26 nous avions reconnu deux voiles de guerre qui louvoyaient dans la rade entre Acre et Caïffa. On les crut d'abord deux frégates ; c'étaient les vaisseaux le Tigre et le Thésée. Le commodore Sidney Smith montait le premier. Ce même soir ils s'éloignèrent, et Caïffa fut pris. Les ennemis abandonnèrent cette place , quoiqu'ils eussent pu en défendre quelques jours les murailles. Caïffa est au pied du mont Carmel , d'où le prophête Elie s'éleva vers le ciel , et où séjournait quelquefois l'illustre philosophe Pythagore , lorsqu'il fit ses voyages en Egypte et en Phénicie. Cette montagne est presque vis-à-vis Saint-Jean d'Acre, qu'elle voit de l'autre côté de la rade qui les sépare. Nous trouvâmes dans les magasins de Caïffa , du biscuit et du riz. Ainsi continuellement nos ennemis nous laissaient des ressources , sans lesquelles nous eussions été embarrassées pour notre subsistance. On établit une garnison dans la place, on y fit construire des fours , et Caïffa devint bientôt pour nous un point fort intéressant.

Son commandement, ainsi que celui du petit fort qui la domine, situé sur le penchant du mont Carmel, fut donné au chef d'escadron des dromadaires, Lambert. Auprès de Caïffa coule le petit torrent Nahr-el-Maketh : on le traverse pour aller à Saint-Jean d'Acre.

Le 27 ventose les divisions tournèrent la plaine. Le tems était brumeux, et nous n'aperçumes point Saint-Jean d'Acre. Nous passâmes à côté du moulin de Kerdanné ; il pouvait servir aux moutures pour la subsistance de l'armée. Bonaparte le fit occuper par un détachement d'infanterie qui s'y barricada pour le garantir des Arabes. Cette nuit le quartier général coucha dans la plaine, et le lendemain l'armée défila sur Saint-Jean d'Acre, en passant le fleuve Kerdanné, auprès d'une assez grande maison où l'on établit de suite l'ambulance. Ce ruisseau Kerdanné est le fleuve Bélus des anciens. Il n'est remarquable que par les particules qu'on découvrit dans ses sables, et qui amenèrent l'invention des vitres. Tout le sol de la plaine d'Acre, de ce côté, et particulièrement la partie éloignée de la mer, entre Nahr-el-Maketh et le Kerdanné, est marécageux. C'est également entre ces deux ruisseaux que séjournaient les *Garans*, espèce de Kourdes, renommés par leur brigandage.

. Le 28 je montai sur l'élévation où l'ennemi avait construit, en pierres et à la hâte, un petit retranchement qu'il avait abandonné à notre approche, pour se retirer dans les murs d'Acre. Le Général en chef examinant les remparts de la place avec sa longue-vue, après les avoir bien considérés, donna de suite les ordres pour ouvrir la tranchée.

L'aspect de la ville devait faire croire que le siége en serait de courte durée et la répétition de celui de Jaffa. On le crut, on le dit.

. Acre, en arabe Akka, dans les tems reculés Acco, et, sous les Egyptiens Ptolémaïs, est la résidence de Djezzar, pacha de Saïde. Elle est située sur une langue de terre qui saille un peu dans la mer. Ses remparts, formant de notre côté l'angle d'un carré, étaient terminés par une tour qui les dominait. Entourée de jardins, on apercevait au milieu d'eux une partie de l'aqueduc, qui se prolongeait ensuite sur la droite.

La position de la ville permettait aux bâtimens, ainsi qu'on peut le voir par cette courte description, de s'ancrer sur les flancs, et de protéger, par leurs feux, les assiégés. J'étais resté sur la montagne, dévorant de mes regards la mer, dont la vue m'a toujours fait plaisir, les murailles d'Acre, ses minarets, sur ma droite, le sommet de la chaîne du Liban encore entouré de neige, lorsque j'entendis au-dessus de ma tête un bruit extraordinaire, et qui, pour la première fois, frappait mon oreille. Je levai les yeux et j'aperçus *un corps*, *un animal noir*, qui fesait en passant un chuchotement étrange. J'allais, par mes questions, m'exposer à la risée de tout le monde, lorsque j'entendis crier, «gare la bombe», et quelques secondes après une explosion terrible. La bombe tomba au pied de la montagne d'observation (c'est ainsi qu'on appela celle où j'étais), au milieu de la division du général Bon, tua un officier et deux sous-officiers de la manière la plus affreuse. Cet événement détermina le déplacement des troupes, et l'armée s'établit bientôt derrière une petite colline dont la ligne était presque parallèle au rivage de la mer. La cavalerie et la division Kléber étaient campées auprès de l'aqueduc qui fournissait de l'eau à la ville, et que l'on rompit en différens endroits. Le quartier général s'établit sur la même ligne, non loin de ce même aqueduc et derrière une mosquée où l'on construisit des fours, et où l'on forma des magasins pour la manutention.

Le 29 on fit la reconnaissance de la place. Voici comme on m'a rapporté que fut blessé le chef de brigade Samson. Il s'avança au milieu de la nuit, et à plat ventre, pour s'assurer s'il y avait un fossé et s'il était profond ; il fut long-tems à faire ainsi son chemin. L'ennemi, par des coups de fusil bien dirigés par les meurtrières, annonçait son adresse, qui nous a fait tant de mal par la suite. Le cit. Samson s'approchait des murailles, il était sur le point de toucher la contrescarpe avec sa main, lorsqu'il reçut un coup de feu qui la lui perça ; blessé, il se retira avec assez de prudence pour n'être pas tué ; mais sans cependant s'être assuré si la contrescarpe du fossé était élevée. On m'a dit encore que, lorsqu'elle fut percée, sa main sentait une inclinaison rapide vers les murailles, ce qui put faire présumer au cit. Samson qu'il n'y avait point de fossé. Ce fut dans ce sens qu'il fit son rapport.

La prise de Jaffa donnait une telle confiance, qu'on n'apporta point dans l'ouverture de la tranchée tous les soins qu'aurait exigés un siége de plus longue durée. On fit donc, à la hâte, des chemins couverts ; on établit de suite , vis-à-vis cette tour , regardée comme le point essentiel dont il fallait s'emparer , une batterie de brèche où l'on plaça nos trois petites pièces de douze ; la quatrième avait été démontée à Jaffa. L'impatience ne permit point d'attendre les pièces de siége qu'avaient embarquées à Alexandrie les trois frégates chargées de les apporter.

A peine le camp était-il assis sur le revers de la colline , que les habitans des villages , qui entourent la plaine de Saint-Jean d'Acre , vinrent en foule nous apporter des provisions de tout genre. Ils établirent bientôt un petit marché où nous trouvâmes à acheter des figues sèches , du tabac , et quelquefois du fromage. Les Druses , instruits également de notre arrivée , descendirent de leurs montagnes , et vinrent saluer Bonaparté Le fils du fameux Dâher était à leur tête. Le Général en chef les reçut devant sa tente, et après leur avoir dit qu'il espérait prendre bientôt la ville, il promit à Dâher fils de lui rendre en partie le pouvoir et l'influence dont jouissait son père, et que la tyrannie de Djezzar Pacha avait presqu'entièrement anéantie. En général, soit que les habitans, presque tous chrétiens, voulussent paraître nos amis, ou que véritablement ils fussent fatigués du joug sous lequel ils vivaient alors, ils prononçaient le desir de voir prospérer nos armes, et fesaient des vœux pour la prise d'Acre. Ils venaient souvent devant nos tentes s'accroupir et considérer, en fumant leurs pipes, les efforts de nos guerriers pour pénétrer dans la place. Loin de rencontrer parmi ces habitans ces dispositions hostiles que nous cachaient politiquement les Egyptiens, nous ne trouvâmes parmi eux que cordialité et hospitalité ; j'en citerai des exemples. Jamais ils ne commirent sur les Français aucun assassinat ; les Arabes seuls, voleurs et pillards comme par-tout, continuèrent à nous piller et à épier toutes nos démarches. C'est avec cette persévérance et leur adresse ordinaire , qu'ils immolaient sans cesse quelques Français à leur cupidité.

L'ouverture de la tranchée fut plus-longue que celle de Jaffa , et les soldats, prévoyant que le siége durerait au moins quelques jours, creusèrent dans la terre des cabanes qu'ils garnirent bientôt de rameaux, coupés dans les bois des premières montagnes situées à l'autre côté de la plaine. C'était là aussi que nous allions aux provisions pour le bois de chauffage. Le fleuve de Kerdanné fournissait de l'eau à la gauche de l'armée , et un autre ruisseau , appelé Tanous, alimentait la droite. Dans cette position , et au moyen des magasins trouvés à Caïffa , et dans le fort de Cheifamrs , où l'on plaça en garnison les Maugrabins qui nous avaient suivis depuis el-A'rych , nous ne manquâmes de rien au commencement du siége. La troupe avait du pain passable , et le soldat, avec le secours de quelques figues qu'il achetait , vivait encore assez bien. La cavalerie avait aussi de l'orge , et les plaines qui nous environnaient nous offraient des pâturages.

Dans cette maison carrée , sise à côté du pont de bois , sur le Kerdanné, on avait établi l'ambulance , et ce petit fleuve offrait en abondance l'eau si nécessaire dans un hôpital.

Le 1er germinal, nous vîmes reparaître les vaisseaux *le Tigre* et *le Thésée*. Ils s'approchèrent d'abord avec précaution de la ville, craignant sans doute que nous ne nous en fussions déjà emparés ; mais bientôt les communications les rassurèrent, et ils mouillèrent dans la rade à la gauche d'Acre. Ils avaient avec eux des avisos et des chaloupes canonnières qui ancrèrent à une certaine distance, et formaient ainsi une ligne de Caïffa à la ville assiégée.

Le 2 au matin, les petits bâtimens se mirent en mouvement et s'approchèrent de Caïffa. Les avisos se tinrent devant la place, et par un feu suivi et bien nourri, la canonnèrent pendant quelques heures. Le chef d'escadron Lambert ne parut d'abord faire aucune résistance. Il resta derrière les murailles, et ne démasqua point l'obusier et le canon de trois qu'il avait fait mettre en batterie. Après cette première attaque, les Anglais se regardant comme assurés de la victoire, et ne voyant aucune pièce riposter, voulurent tenter le débarquement. Instruits par Djezzar des magasins que nous y avions trouvés, ils desiraient sûrement nous priver des ressources qu'ils nous offraient, en s'en emparant. Lambert avec sa garnison, forte de 60 à 80 hommes, les laissa s'avancer, et lorsqu'ils furent à la portée du fusil, il fit faire si à propos une décharge, que la première chaloupe canonnière amena son pavillon, et se rendit. Le feu de l'obusier et de la petite pièce fit éloigner les autres, après leur avoir tué du monde. Il se rendit maître ainsi d'une caronade de 36 que portait cette chaloupe, et l'équipage, commandé par un jeune aspirant tué dans cette affaire, fut fait prisonnier. Je partis dans l'après-midi, par ordre de l'ordonnateur en chef, pour aller voir si les magasins de Caïffa avaient été endommagés : quelques maisons avaient un peu souffert, mais nos fours n'avaient rien éprouvé. Lambert, en rendant compte au général en chef de son opération, avait demandé un chirurgien pour panser les prisonniers. Ils étaient encore ivres lorsque j'arrivai, je couchai chez le chef d'escadron Lambert, fort satisfait de sa victoire, et nous bûmes d'excellent rhum, dont il avait trouvé plusieurs bouteilles dans la chaloupe avec de beau biscuit. Il paraît que dans les combats, les Anglais ont l'habitude de distribuer aux équipages une grande quantité de liqueur forte. Notre armée peut se vanter de s'être toujours battue de sang-froid, pendant son séjour en Egypte et en Syrie, car elle ne buvait jamais que de l'eau, et souvent n'en avait-elle pas autant que de besoin.

Je revins le lendemain matin au camp. L'affaire du chef Lambert divertissait fort les troupes. On disait, en montrant du doigt les vaisseaux anglais, que M. Smith devait regretter vivement les bouteilles de rhum qu'il avait perdues dans cette affaire.

Il ne s'était rien passé de nouveau pendant ma courte absence.

Le 5 germinal, l'ordonnateur Daure partit pour Caïffa avec le contr'amiral Gantheaume; je fus de ce second voyage. C'était un plaisir pour moi d'aller revoir le chef d'escadron Lambert, que j'aimais beaucoup. Nous partîmes le matin avec quelques dragons d'escorte. Nous suivîmes toujours le bord de la mer. Lorsque nous passâmes devant les bâtimens anglais, ils firent plusieurs signaux que les chaloupes canonnières répétèrent. Le contr'amiral Gantheaume en conclut qu'ils

allaient effectuer quelques mouvemens. Rien
de nouveau cependant jusqu'à notre arrivée
à Caïffa. Après avoir, vu la situation des magasins, et avoir pris quelques dispositions
administratives, nous quittâmes le commandant Lambert, et reprîmes la route du camp.
A peine avions-nous dépassé les portes de
Caïffa, que les Anglais distinguant sans doute
les chapeaux bordés du contr'amiral Gantheaume et de l'ordonnateur Daure, mirent
à la voile et s'avancèrent vers nous. Le cit.
Gantheaume prévoyant qu'ils allaient tirer,
nous engagea à nous jeter dans les Dunes que
nous avions à notre droite. C'était nous dé-
tourner de notre route, le danger ne parut
pas assez éminent à l'ordonnateur, pour faire
aux Anglais le plaisir de leur laisser le rivage
avant même qu'ils eussent fait feu. Nous continuâmes donc de marcher près de la mer,
avec nos dragons d'escorte. Cependant les
chaloupes canonnières s'étaient séparées et
s'approchaient de nous continuellement. Je
vis qu'ils allaient faire la plaisanterie de nous
canonner, et je proposai, en riant, à l'ordonnateur de les attaquer nous-mêmes. Ma
proposition fut accueillie, et nous prîmes
nos pistolets. J'arrêtai mon cheval, et me

ournant vers la première chaloupe, je lui tirai mon coup de pistolet, auquel elle riposta sur-le-champ par un coup de canon, dont le boulet passa bien au-dessus de nos têtes, et alla précisément tomber dans les dunes. La mer était un peu agitée. Il n'était pas probable que le malheur nous poursuivît assez pour être blessés ou tués par des batteries perpétuellement agitées et tirant sur un si petit point. Nous continuâmes donc à plaisanter de cette sorte, déchargeant tous nos pistolets sur les chaloupes canonnières, qui de leur côté nous répondaient majestueusement, et semblaient plutôt nous saluer. Nous fîmes ainsi notre route, nous divertissant de cette singulière manière, et nous arrivâmes au camp, n'ayant presque plus de munitions.

Le 7 germinal, en me promenant dans la principale rue du camp, je trouvai l'adjoint aux adjudans-généraux, Mailly, qui tristement, mais tranquillement contemplait, en fumant sa pipe, la ville de Saint-Jean-d'Acre : je le connaissais depuis notre entrée en Syrie. « Eh bien ! lui dis-je en l'abor- « dant, tu me parais bien mélancolique... « Ce n'est pas sans raison, mon cher, me

« répondit-il, je porte dans ma poche un
« brevet de chef d'escadron, ou mon arrêt
« de mort. C'est demain qu'on donne l'as-
« saut, et voici une lettre du général Ber-
« thier qui me désigne pour y monter à la
« tête des grenadiers ». — « J'espère, lui ré-
« pliquai-je, que tu en seras tout au plus
« quitte pour une blessure, et que je te sa-
« luerai demain du titre de commandant (1) ».

Le 8, à la pointe du jour, la batterie de
brèche commença son feu ; il était dirigé sur
la tour située à l'angle des remparts. Cette
tour contenait des pièces d'un calibre beaucoup plus fort que le nôtre, et qui nous in-
commodaient fort. Elles furent bientôt dé-
montées, et l'éboulement de la tour parut
ouvrir un passage sûr dans la ville. Cependant, dans l'incertitude où l'on pouvait être
qu'il y eût une contrescarpe, on avait poussé
un rameau pour la faire sauter. Probablement la mine remplit mal son effet, car la
contrescarpe ne fut point entamée. Le Général en chef, et l'état-major-général se rendirent de bonne heure à la tranchée. L'ad-

____

(1) On donne ce titre aux chefs d'escadron, comme
aux chefs de brigade.

joint Mailly y était depuis la pointe du jour ;
il attendait l'ordre de se précipiter sur la
brèche. A trois heures elle parut praticable,
et l'on battit la charge. Les grenadiers descendirent le fossé au moyen de quelques
échelles qu'ils avaient apportées ; ils parvinrent même jusque dans la tour, mais ils ne
trouvèrent point d'issue, et furent obligés
de s'en retirer ; l'adjoint Mailly n'avait d'a-
bord été blessé que d'une balle, et un grenadier consentit à le porter pour le sauver ;
mais sa retraite devenait difficile par cet
effort généreux, et il abandonna le malheureux jeune homme, qui eut ensuite la tête
coupée ; sort d'autant plus affreux, que hors
d'état de se sauver, sa blessure ne lui ôta
sûrement point la connaissance, et qu'il put
considérer de sang-froid le bourreau qui vint
lui arracher la vie. Telle était toujours la
destinée de nos prisonniers, ou de ceux que
leurs blessures empêchaient de se sauver.
Genre de guerre horrible, épouvantable, et
qui devait fermer nos cœurs à la pitié. Fusiller les ennemis qui tombaient entre nos
mains, c'était sacrifier aux mânes irritées de
nos camarades.

Cependant le bruit de la prise de Jaffa, la

rapidité et le bonhenr avec lesquels nous
nous en étions emparés , avaient répandu
la terreur dans la garnison de Saint-Jean-
d'Acre. Elle abandonna donc ses remparts
à la vue de nos soldats, se précipitant avec
ardeur pour les escalader. Quelques trans-
fuges nous ont rapporté par la suite que
Djezzar , dans cet instant qui allait décider
de son sort, eut assez de sang-froid pour
rappeller les Turcs , et les ramenant lui-
même à la brèche, il tira sur nous deux coups
de pistolets, en criant: « Que craignez-vous ?
« Regardez : ils ont fui ». Les Turcs reprirent
leurs postes avec tranquillité , et ce premier
effort sans succès leur rendit la confiance
que la terreur avait chassée. On peut assurer que c'est de ce moment que les Anglais
crurent vraiment possible de défendre la
place contre nous , et qu'ils s'occupèrent sé-
rieusement des moyens d'y parvenir.

Les deux vaisseaux de ligne s'embossèrent
alors chacun par les côtés de la ville , et par
le feu de leurs bords , protégeaient ainsi les
sorties des assiégés.

Nous apprîmes ensuite que les Anglais ser-
vaient les batteries et dirigeaient les mortiers.
Les bombes pleuvaient de toutes parts , et la

nuit des pots de feu, dans les attaques nocturnes, remplaçaient la lumière du jour.

Après cette première tentative, du 8 germinal, on dut croire que le siége durerait bien plus long-tems que l'on n'avait d'abord pensé. Les magasins de Caïffa et de Cheifamrs s'épuisaient, et l'on avait nouvelle de quelques rassemblemens qui se formaient sur les côtes à l'est, et dans les montagnes qui nous environnaient.

Le Général en chef ordonna une reconnaissance ; le général Murat reçut l'ordre de la commander (1). Il était important de vérifier si les nouvelles que donnaient les habitans des montagnes, de la marche d'un corps considérable, étaient vraies. Ils parlaient sur-tout de l'armée de Damas, qui devait se réunir aux Naplouzins. Le fils de Dâher, sur l'assurance que lui avait donnée Bonaparte de lui rendre, à la prise d'Acre, l'influence qu'avait son père, était retourné à Saffet, lieu de sa résidence. C'était lui, particulièrement, qui nous instruisait de ce qui se passait au-delà du Jourdain ; l'e-

____

(1) C'est à-peu-près à la même époque que le général Vial se rendit avec des troupes à Tyr.

spoir de conquérir un pouvoir qui diminuait toujours, le desir de se voir débarrassé d'un homme qui le vexait sans cesse, attachaient Dâher et son parti au sort de l'armée; aussi sa conduite fut-elle toujours franche.

On donna au général Murat quelques compagnies d'infanterie, et une partie du 3e. régiment de dragons, commandée par le chef de brigade Bron.

J'avais connu le général Murat à Florence, au passage de Bonaparte dans cette ville : tout le quartier-général de l'armée d'Italie avait alors logé au palais de France, où mon frère, ministre près le Grand-Duc de Toscane, avait fait tout préparer pour sa réception. Pendant ce séjour, de courte durée, j'avais beaucoup vu le général Murat, et il parut vouloir, par la suite, reconnaître par mille soins à mon égard, le bon traitement qu'il avait reçu de mon frère et de sa famille.

Si d'un côté le service du quartier-général était pénible, de l'autre, le desir de parcourir un pays célèbre par bien des souvenirs, m'engageait à saisir cette occasion de faire une course intéressante, et de la faire agréablement.

Lors donc que j'appris le départ du géné-

ral Murat, pour aller faire sa première reconnaissance, je demandai avec instance
qu'on me laissât partir avec lui. Le général
Murat, que j'allai consulter, me reçut fort
bien, et me dit même qu'il me verrait avec
plaisir.

Il y avait parmi les employés de l'armée
un jeune homme nommé Tedesco, natif de
Florence, et que j'y avais également connu
pendant mon séjour. Ses opinions patrio-
tiques lui avaient attiré des chagrins ; en-
thousiasmé du nom de Bonaparte, de l'expédition qu'il commandait, il voulut nous
suivre en Egypte. Il se mit dans la partie
des vivres, et curieux comme moi de voir
le pays qu'arrose le Jourdain, il vint me
prier de l'emmener avec moi dans notre ex-
cursion : j'y consentis de bon cœur. Assuré
qu'il ne déplairait point au général Murat,
je demandai à l'ordonnateur l'autorisation
nécessaire : elle me fut accordée.

Enfin le 10 germinal, nous quittâmes l'armée, traversâmes la plaine vis-à-vis Saint-
Jean-d'Acre, et pénétrâmes dans les montagnes, guidés par les Druses, qui devaient
nous conduire à Saffet. Nous fesions notre
route fort gaîment, le tems était fort beau,

les montagnes couvertes d'oliviers, dont la verdure triste fesait ressortir plus agréablement celle encore tendre des arbustes chargés de fleurs ; de fort beaux sites, des torrens, dont l'eau fraîche nous engageait à nous rafraîchir ; des oiseaux dont les gazouillemens annonçaient la joie ; tout enfin contribuait à chasser notre mélancolie. Dans ces momens, notre besoin le plus pressant était toujours de parler de la France et des femmes. L'epèce d'exil où nous nous trouvions depuis bien long-tems provoquait la confiance : on contait des histoires, et quelquefois la sienne. Le général Murat n'était point en reste à cet égard, et chacun contribuait à égayer nos discours ; on parlait de ses maîtresses, des difficultés qui avaient retardé et souvent augmenté son bonheur ; enfin, en peu de tems il s'établit dans l'état-major général du général Murat, composé des deux aides-de-camp Colbert, Beaumont et moi, cette douce familiarité que fait naître le malheur. Les distances disparaissent alors, les hommes se rapprochent et trouvent des consolations dont l'existence est un problème pour eux dans la prospérité.

Le général Murat avait pour interprète

un père de la propagande établie au **Caire**;
il se nommait *padre Francesco*, et quoique fortement attaché à ses devoirs, il n'é-
tait point ennemi de la gaîté. Nous nous
amusions souvent à le tourmenter en lui
parlant des femmes, des délices qu'elles offrent dans une douce union, des charmes
qu'elles répandent sur notre vie. Nous res-
pections cependant le moment où il disait
ses prières. Personne ne le gênait, ni ne l'interrompait jamais dans l'exercice de ses devoirs. Le chef de brigade Bron, fort aimable
homme, se mêlait souvent à nos conversations, et payait sa part de nos plaisirs en y
contribuant.

Nous nous arrêtâmes vers les dix heures
du matin dans une plaine agréable, entourée de montagnes assez élevées; nous n'é-
tions qu'à trois lieues du camp, et le vent,
qui venait du Nord, nous portait le bruit
d'une canonnade assez vive. Nous suppo-
sâmes d'abord que le Général en chef avait
fait donner un second assaut; ce n'était,
ainsi que nous l'avons su par la suite, qu'une
sortie vive que fit l'ennemi.

Nous nous arrêtâmes le soir près d'un
village où les habitans nous reçurent fort

bien ; ils nous apportèrent pour notre dîner des galettes et des œufs sur le plat. Nous passâmes la nuit fort tranquillement, et à la pointe du jour, nous continuâmes notre route sur le Jourdain : nous ne fîmes aucune mauvaise rencontre. Le chemin pierreux que nous parcourions était souvent diversifié, et nous étions enchantés toutes les fois que nous comparions l'aspect sévère, mais cependant aimable du pays que nous traversions, avec l'aspect poudreux et monotone des campagnes brûlantes de l'Egypte. Après avoir marché une partie de la journée, nous arrivâmes sur un plateau qui unissait deux chaînes de collines, et nous découvrîmes sur notre gauche le roc pointu sur lequel s'élevait le château de Saffet. Il ressemblait de loin à ces monumens gothiques que nous voyons en France. Au pied de ce château, se dessinaient les maisons blanches de la ville, qui entourent, en partie, le fort. Les habitations ne peuvent, en Syrie, être fabriquées comme celles d'Egypte ; dans les saisons pluvieuses, elles seraient bientôt anéanties : le territoire offre d'ailleurs des ressources qu'on ne trouve point en Egypte, de fort bons matériaux et du bois. Cette même rareté du bois fait qu'en Egypte le luxe des appartemens consiste dans des décorations en boiserie. En Syrie, sur-tout dans les contrées où nous nous trouvions, et où les mœurs ne sont plus les mêmes que dans la Palestine, nous n'avions plus la vue désagréable et triste de ces fenêtres grillées et de ces femmes hideuses se cachant avec leurs voiles bleus. Les femmes blanches, d'une figure agréable, étaient sauvages par convenance et par défiance, quoique le titre commun de chrétiens nous rapprochât un peu plus des habitans.

Après avoir descendu le plateau, nous traversâmes une vallée étroite qu'arrosait un petit torrent, prenant sa source dans les montagnes près de Saffet. Ses eaux fesaient tourner des moulins dépendant de la ville du même nom. Nous suivîmes ce torrent en montant la montagne de Saffet ; bientôt nous y arrivâmes. Nous fûmes accueillis fort amicalement par les habitans. Le général Murat fit comparaître le Cheikh (1), et

______

(1) C'est le même Dâher qui avait parlé à Bonaparte, au camp sous Acre.

l'assura de la continuation des bonnes dispositions du Général en chef à l'égard de
la ville. Il prit ensuite des renseignemens
sur l'ennemi, et fut instruit qu'un faible
corps de Maugrabins, qui occupait le fort,
l'avait abandonné à notre arrivée. Notre
marche avait été si secrète, que quelques
hommes de la garnison sortaient de la ville
à l'instant où nous y entrions : on les pour-
suivit, et le capitaine Colbert fit deux prisonniers, parmi lesquels se trouvait le commandant : c'était un homme âgé et respec-
table. Il pleurait, et paraissait sur-tout
regretter les bijoux qu'il avait perdus dans
sa fuite, et qui lui avaient été pris. Le capitaine Colbert, sensible à la malheureuse
position de ce vieillard, dont le fils s'était
fait prendre pour partager le sort de son
père, lui rendit deux plaques de ceintures
fort richement ornées ; il se réserva seulement la jolie jument que montait l'autre
Maugrabin, et le général Murat eut pour
lui un fort beau cheval blanc. Ce pauvre
homme, qui s'attendait sûrement à recevoir
la mort, fut fort étonné de la générosité de
ses ennemis, et le général Murat lui fit entendre qu'il ne le gardait d'abord que par

précaution , et pour mieux le tranquilliser, il le fit coucher auprès de lui.

Cependant nous nous étions emparés du fort de Saffet, dans lequel nous trouvâmes encore , toujours par la prévoyance complaisante de nos ennemis , quelque peu de farine, du tabac et des lentilles. L'infanterie se logea dans le château ; la cavalerie et le quartier-général se retirèrent dans des maisons à la droite du fort. La troupe était fatiguée , et nous avions tous besoin de repos ; nous nous couchâmes sur des nattes, tandis que notre vieux prisonnier et son fils dormaient dans une chambre voisine de la nôtre. Nous étions endormis profondément, quand des dragons vinrent nous réveiller, en annonçant au général Murat que l'on entendait travailler dans une muraille voisine. Nous nous levâmes en silence ; et prêtant une oreille attentive, nous entendîmes effectivement des coups de marteaux et des chuchoteries derrière une porte qui n'était murée qu'avec des pierres non cimentées. Notre Général ordonna qu'on ne fît point de bruit, pour voir ce que voulaient les coquins qui venaient nous éveiller si mal-à-propos , et si l'on ne pourrait point en fusiller quelques-uns. Au bout de quelques instans, les pierres s'écroulèrent, et nos dragons firent feu par cette nouvelle brèche : nous entendîmes alors quelques hommes s'enfuir en parlant entr'eux. On fit garder la brèche, et on alla instruire de cet événement, l'infanterie (qui était au fort) qui avait pu s'alarmer au bruit des coups de fusils, et s'inquiéter sur notre situation.

Le reste de la nuit fut calme. A la pointe du jour, le général Murat, laissant la cavalerie à Saffet, prit un détachement d'infanterie pour aller faire une reconnaissance jusqu'au pont de Jacoub sur le Jourdain : je l'accompagnai. Nous descendîmes la montagne de Saffet du côté qui regarde la chaîne du Liban, laissant à notre gauche à quelques lieues Césarée de Philippe le Tétrarque, où Jésus-Christ annonça à ses Disciples le mystère de ses souffrances et de sa mort.

Après une heure un quart de marche, nous nous trouvâmes dans la plaine de Jacoub ; nous avions à notre gauche le lac Mœron , en arabe Bahrr - el - Houlei. Il est formé par les eaux du Jourdain , qu'il reçoit à deux lieues de sa source. Il est à sec en été ; mais au moment où nous le voyions , il ne l'était pas encore. Ce lac est d'ailleurs d'une petite étendue, et couvert de joncs et autres plantes aquatiques. Nous n'en approchâmes pas, et continuâmes notre chemin en marchant directement sur le Jourdain. Bientôt nous découvrîmes le lac de Génézareth, ou mer de Galilée, en arabe Bahrr-el-Tabarié. Je parlerai de ces lieux d'une manière plus étendue à mon second voyage, que je fis quelques jours après. Nous arrivâmes près du pont de Jacoub; nous y fîmes une halte pour nous reposer et nous rafraîchir. Ici le Jourdain coule dans un lit très-resserré; on ne l'aperçoit que lorsque l'on est sur les collines qu'il sépare. La pente en est rapide, et ses bords couverts en quelques endroits d'arbustes. Les voyageurs ont écrit que du lac Mœron à celui de Tabarié, il y a un espace d'environ huit lieues, et que le terrain qu'arrose le Jourdain est couvert d'indigo. Je ne crois point qu'il y ait une aussi grande distance entre ces deux lacs, et je ne me rappelle point avoir vu d'indigo. On ne doit pas conclure de ceci néanmoins, que le rapport des voyageurs ne fût point exact dans le tems, relativement à la culture des rivages du Jourdain.

N'ayant rien découvert qui pût nous faire croire au rassemblement ou passage de quelques troupes, nous revînmes le même jour à Saffet.

Le 13 germinal, je fis distribuer à notre petit corps d'observation, de fort beau pain blanc que les habitans avaient fait. Ils donnèrent en même tems un peu de vin au général Murat, et nous en achetâmes une certaine provision, ce qui devait nous être d'une grande ressource pendant notre séjour sous Acre. La journée se passa à nous reposer. J'examinai avec attention les femmes, et je trouvai une Juive fort jolie. Les hommes étaient aussi d'un fort beau sang, et leur costume avait de plus agréable que celui de nos Egyptiens, qu'il était blanc et fort propre. Je pris, ce même jour, quelques dispositions administratives pour assurer la subsistance de la garnison que le général Murat laissait dans le fort. Je chargeai le jeune Tedesco de la police des magasins, et, pour son malheur, je dus lui donner l'ordre de rester avec la garnison. Je n'avais point d'autres employés, et j'avoue que je m'en séparai avec regret.

Le 14 au matin, nous reprîmes la route

d'Acre, en côtoyant de nouveau le torrent que nous avions d'abord suivi, et le soir, nous couchâmes au premier village. Le lendemain, rentrés au camp, nous apprîmes le détail de la sortie du 10, où le chef de brigade de Troye avait été tué. Je m'estimais fort heureux d'avoir fait un voyage qui m'avait donné la jouissance de contempler des lieux si fameux dans notre histoire sacrée, et d'avoir bu de l'eau de ce fleuve si célèbre ; je me disais avec plaisir : je serai le seul commissaire des guerres de l'armée qui aura vu le Jourdain et la mer de Galilée. J'étais loin de me douter que je retournerais bientôt visiter leurs bords.

CHAPITRE V.

Second voyage au Jourdain. Prise de Tabarié. Retour au camp.

A L'ARRIVÉE du général Murat au camp, son rapport dut rassurer Bonaparte sur la nouvelle des rassemblemens qu'on lui avait dit se former du côté de Damas.

Durant notre course, on avait occupé Nazareth, et nous y avions également trouvé des ressources, auxquelles on fut bientôt obligé de recourir, celles que nous avait offertes Caiffa étant épuisées.

On nous apprit que les Anglais avaient capturé trois de nos bâtimens venant de Damiette à Jaffa; mais qu'on n'avait point encore entendu parler des trois frégates parties d'Alexandrie, et qui devaient transporter l'artillerie de siége attendue avec tant d'impatience.

Malgré les reconnaissances que nous avions faites, les renseignemens venant de Nazareth, et les rapports des espions nous annonçaient toujours la marche de troupes considérables, qui devaient faire lever le siége. La cavalerie eut ordre alors de quitter la ligne de l'armée, et de venir s'établir sur le penchant d'une colline au débouché des gorges qui conduisent à Nazareth et à Saffet. On construisit au sommet une redoute en pierres, et nous bivouaquâmes sur le penchant. Chaque pierre que les dragons enlevaient de terre pour se faire un lieu de repos, découvrait des insectes rampans et des scorpions : bientôt nous en fûmes tous piqués, mais nous étions déjà familiarisés avec cette piqûre, dont on nous avait tant effrayés ; de l'huile posée sur la plaie en dissipait l'inflammation au bout de quelques heures. Au-dessus de la cavalerie, le général Murat avait fait élever sa tente. Quoiqu'aux avant-postes, il se couchait dans des draps. Je lui disais un jour : « Si l'ennemi venait » nous surprendre, comment feriez-vous, » mon Général ? » — « Hé bien, me répondit-» il, je monterais à cheval en chemise, on » me distinguerait mieux dans l'obscurité ». Quant aux aides-de-camp, au père Francesco et moi, nous reposions dans nos manteaux sous la tente du Général, et je crois que pendant toute l'expédition de Syrie, je ne me suis pas couché une seule fois débotté. Habitué à ce genre de vie, mon sommeil était aussi paisible qu'il l'était peu aux premiers jours de marche en Egypte ; j'avais oublié la jouissance d'un bon lit, et mon porte-manteau me représentait fort bien un oreiller de plumes. Ma santé n'était nullement altérée des longues marches que je fesais souvent, je m'étais persuadé que le moyen de se bien porter en Egypte et en Syrie, était de faire beaucoup d'exercice ; de bien transpirer, et sur-tout de ne point dormir le jour ; j'avais toujours la précaution de me couvrir les yeux la nuit.

Le 18, l'ennemi fit une vigoureuse sortie, qui n'eut point le succès qu'il devait s'en promettre.

Pendant qu'on s'occupait des travaux du siége, des lettres du commandant du fort de Saffet et du général Junot à Nazareth, communiquaient les rapports que leurs espions fesaient sur le rassemblement et les mouvemens des ennemis. Enfin ils prévinrent que des troupes avaient passé le Jourdain aux deux ponts d'Jacoub et de Djesz-el-Makanié ; qu'elles établissaient de forts magasins à Tabarié.

Le général Junot, dans une reconnaissance, rencontra une partie de l'ennemi à Loubi. Je ne rapporterai point ici les détails de cette retraite, où le général Junot et le chef de brigade Duvivier, commandant le 14e. régiment de dragons, se conduisirent avec tant de sang-froid. Le dernier animait ses dragons, en leur disant : « mes amis, droit aux yeux », et donnait lui-même l'exemple, en pointant son sabre long sur la figure des cavaliers ennemis qui venaient au pas planter leurs drapeaux dans nos rangs. Aussitôt que Bonaparte eut connaissance de cette affaire, il donna ordre à Kleber de partir avec sa division pour Nazareth, et trois jours après, au général Murat, de se rendre de nouveau au Jourdain, probablement pour arrêter les troupes qui venaient de Damas, ou pour couper la retraite à celles que Kleber allait combattre et chasser.

Le 24 germinal, nous quittâmes donc encore une fois le camp, et reprîmes le même chemin qui nous avait d'abord conduits à Saffet. Nous couchâmes au même village la première nuit. Le corps commandé cette fois par le général Murat, était plus considérable; il avait près de mille hommes d'infanterie, une pièce légère et une seule compagnie de dragons. Nous ne pûmes faire passer notre artillerie, et nous la laissâmes à moitié chemin; nous repassâmes au plateau, d'où on distinguait Saffet; mais au lieu d'y monter en suivant le torrent, nous prîmes la droite, et vînmes passer la nuit à l'entrée de la plaine d'Jacoub : la nuit s'écoula tranquillement. Le Général envoya un paysan au commandant du fort de Saffet, pour l'instruire des mouvemens que nous devions faire à la pointe du jour, et lui ordonner de le seconder par une sortie. Les troupes arrivées de Damas avaient bloqué le fort, et tenté de l'escalader. Le jeune Tedesco, que j'y avais laissé, avait eu le malheur d'être tué par l'ennemi qu'il avait été reconnaître : les quatre soldats qui étaient avec lui, eurent la tête tranchée ; nous les trouvâmes le lendemain devant la tente du fils du pacha de Damas. Je cherchai en vain à reconnaitre celle du jeune Italien, pour lui donner la sépulture.

Le lendemain 26, à la petite pointe du jour, nous débouchâmes dans la plaine d'Iacoub, et marchâmes, pendant quelques instans, sans rien apercevoir ; mais en nous approchant du pont, nous distinguâmes quelques cavaliers sur notre droite ; le nombre s'accrut en même tems qu'une fusillade s'engageait dans les défilés des montagnes sur la gauche. C'était la garnison du fort qui chassait devant elle des Arabes et des Dalmatiens. Le général Murat pouvait croire d'abord que le fort de l'ennemi se fût porté du côté de Saffet, et nous nous dirigeâmes de ce côté. Cependant l'ennemi grossissant toujours sur notre droite, le général dut penser qu'il n'avait point encore quitté sa première position , et après avoir envoyé son aide-de-camp Beaumont avec une compagnie de carabiniers, pour rejoindre la garnison de Saffet , il fit former son corps en deux bataillons carrés , et diriger sa marche sur le pont d'Iacoub. Notre vue ayant semé l'alarme au camp de l'ennemi , sa cavalerie se répandit dans la plaine , et commença à nous entourer. Nos tirailleurs s'avancèrent , et nos deux bataillons au pas de charge. Un Dalmatien , assez brave pour venir fusiller nos éclaireurs , fut la première victime de la journée ; il tomba : son cheval retourna joindre ses camarades. Bientôt notre troupe , échauffée par le feu et l'espoir du pillage des tentes que nous apercevions sur l'autre rive du Jourdain , ne marcha plus ; elle courut et culbuta, à la descente de la colline , cette riche cavalerie, embarrassée au passage d'un pont fort étroit. Ah ! si nous eussions eu la cavalerie de notre premier voyage , nous aurions couronné cette journée d'un succès plus brillant encore. Quoique notre infanterie développât dans sa course toute l'ardeur possible, elle ne put point arriver assez à tems au sommet des collines rapides entre lesquelles coule le Jourdain , et d'où elle aurait facilement fusillé l'ennemi. Comme nous avions mis peu de distance entre notre apparition et la charge , cette nombreuse armée de Damas, qui s'évanouit devant un petit point de Français (car nous ne paraissions que cela au milieu de la plaine d'Jacoub), n'eut pas le tems d'enlever ses tentes, ses munitions et ses provisions ; elle nous abandonna tout. L'ennemi perdit quelques hommes dans sa retraite précipitée, et de notre côté il n'y eut qu'un cheval de blessé. Ce rapport est exact , et je jouissais fort de voir un résultat si brillant acheté si bon marché.

Pendant que le général Murat poursuivait l'arrière-garde de l'armée de Damas avec sa compagnie de dragons et les plus vifs de ses piétons , il me fit donner l'ordre de m'emparer de tout ce qui pourrait servir à la troupe; mais comment faire garder quelque chose dans un moment semblable ? Le soldat, joyeux de sa victoire, s'occupait à fouiller toutes les tentes et les coffres ; il se chargea des confitures , des sucreries si renommées à Damas, de pâtisseries de toute espèce, et dans une si grande abondance , qu'après en avoir rempli ses poches, et son havre-sac, il fut obligé de jeter le reste. Je réservai une fort belle tente pour le général Murat; c'était celle du fils du pacha, et devant laquelle je trouvai sur des piques quatre têtes de Français.

A son retour sur le champ de bataille, le général fit réunir tous les objets qui ne pouvaient s'emporter, et y fit mettre le feu. On alla camper sur l'autre rive, en face de l'emplacement qu'occupait l'ennemi, et là les soldats achevèrent la journée à troquer les captures qu'ils avaient faites. Ils passèrent la nuit sous les tentes qu'ils avaient transportées, et l'on établit un corps-de-garde avec des postes avancés au pont qui donna son nom à cette heureuse affaire. Il est difficile, au fait, d'en citer une qui nous ait moins coûté, et cependant nous avions chassé 5 ou 6,000 hommes devant nous. Nous soupâmes avec des confitures et de la pâtisserie, et en chargeâmes nos chameaux.

Notre camp fut éclairé toute la nuit par le feu des dépouilles de nos ennemis, et nous ne vîmes plus, le lendemain matin sur le champ de bataille, que des monceaux de cendres. Notre troupe était fort contente, et

je suis persuadé que le général Murat re-
gardera toujours ce combat comme le plus
heureux qu'il ait encore livré.

Il ne nous restait plus d'inquiétude du
côté de Damas ; les troupes que nous avions
battues si complètement étaient dans l'impossibilité de revenir, au moins pendant plusieurs jours ; le fort de Saffet était débloqué,
et la garnison renforcée ; le général Murat
pensa alors à seconder les mouvemens de la
division Kléber, et à s'emparer des magasins
considérables que l'ennemi avait formés à
Tabarié.

Le 27, nous traversâmes de nouveau la
plaine d'Jacoub en sa longueur, et nous approchâmes des bords de la mer de Galilée,
oula c de Tabarié. Nous laissâmes sur notre
gauche, presqu'à l'embouchure du Jourdain, Capharnaüm, où Jésus-Christ fit plusieurs miracles, et plus près de nous encore
Bethsaïde, où il fit embarquer ses disciples,
et vint les joindre marchant sur les eaux.
Le lac était agité, et je me représentais ce
jour où Jésus-Christ calma la tempête en
traversant la mer de Galilée, pour aller dé-
barquer dans le pays des Gergéseniens.
Nous apercevions encore de l'autre côté un

pays aride; c'était celui de Dalmanuta, où notre Seigneur se retira après le miracle de Décapolis. A deux lieues de Tabarié, nous traversâmes un défilé long et dangereux. Au sortir de cette gorge, nous remontâmes dans une plaine, où nous aperçûmes un paysan qui paraissait se diriger du côté du lac. Il se mit à travailler à la terre aussitôt qu'il reconnut que notre cavalerie se dirigeait sur lui. Le général Murat l'aborda, et lui fit demander où il allait, de quel pays il était. Cet homme avait une mine fausse, et ressemblait fort à un espion. Le général le fit déhabiller entièrement, pour voir s'il ne portait point quelques lettres, et n'ayant rien trouvé sur lui, il le laissa. Nous bivouaquâmes la nuit dans cette plaine; nous étions encore à quatre lieues de Tabarié, et ne voulions point nous montrer ce même jour, afin de mieux surprendre l'ennemi le lendemain.

Le 28, nous arrivâmes sur les hauteurs qui dominent Tabarié, entourée de bonnes murailles, mais sans fossés. Nous la trouvâmes entièrement évacuée. L'ennemi l'avait abandonnée dans la nuit, et probablement l'espion que nous avions rencontré la veille, en semant l'épouvante dans la garnison , l'avait sans doute déterminée à se retirer. Cet événement était fort heureux , car il nous eût été impossible de prendre Tabarié d'assaut , et encore plus d'en faire le siége sans artillerie et sans vivres. Les magasins trouvés dans la place étaient immenses, et auraient suffi à nourrir l'armée pendant très-long-tems. La quantité de grains qu'ils renfermaient était si considérable que je ne pus l'estimer, et que je fus obligé de mander seulement à l'ordonnateur , qu'il pouvait puiser sans crainte pour l'approvisionnement de l'armée. Tabarié était à trois grandes journées du camp , et cette distance rendait le transport difficile ; néanmoins on en tira des grains qui nous nourrirent pendant la fin du siége.

Le général Murat établit son quartier-général dans le fort , où nous trouvâmes différentes choses que l'ennemi avait abandonnées dans sa précipitation. Je découvris dans une armoire d'une des chambres qu'occupaient probablement les femmes, une outre remplie du meilleur tabac que j'aie jamais fumé.

. Je fis distribuer de bonne viande à la

troupe, et fabriquer du pain par nos boulangers. Les habitans nous vendirent de fort
bon vin, et nous en emportâmes une telle
provision, que le général Murat en eut
pour sa table jusqu'à la fin de la campagne
de Syrie.

Pendant que nous nous reposions au séjour mal-sain de Tabarié, le général Kleber
se battait au mont Thabor (mont célèbre
par la transfiguration de Jésus-Christ à la
vue de ses disciples Pierre, Jacques et Jean).
Bonaparte avait quitté le camp sous Acre
le 26, et le 27, il arriva dans la plaine que
domine cette montagne. Kleber combattait
depuis le jour, et ses munitions étaient épuisées, lorsque l'arrivée du Général en chef,
et le premier coup de canon qu'il fit tirer
sur les ennemis, ébranla tellement le moral
de cette quantité de gens armés, qu'ils disparurent comme magiquement d'une plaine
qu'ils convraient d'abord entièrement.

Les divisions françaises se réunirent et
bivouaquèrent le 27 germinal au mont Thabor. Cette bataille est encore remarquable
par ses résultats et par le peu de monde
qu'elle nous coûta. On ne pouvait estimer
le nombre de l'armée ennemie ; c'était un

peuple tout entier, sans ordre, et probablement sans chef. Les uns combattaient,
tandis que les autres, sans agir, fesaient
paître leurs chevaux, et dormaient eux-
mêmes. C'est sûrement la transition ino-
pinée du calme aux dangers, de l'assurance
à la crainte, les attaques combinées des différens carrés français, qui frappèrent l'esprit de cette multitude, et qui ne lui permirent d'envisager son salut que dans la
fuite précipitée. Elle abandonna encore des
tentes, des chameaux, des provisions de
toute espèce, et cette défaite assura notre
tranquillité, au moins pour quelque tems.
Les ordres du jour furent expédiés à toute
l'armée, sous la date remarquable du mont
Thabor.

Le 27, le général Murat fit partir son
aide-de-camp Colbert avec la compagnie du
troisième de dragons, pour aller pousser
une reconnaissance jusqu'au pont Djesr-el-
Makanié, situé près du lac de Tabarié, entre
lui et la mer Asphaltite. Il ne rencontra personne, et rentra au quartier-général le 30
au matin.

On distribua dans cette journée de fort
beau pain et de la viande fraîche à notre

petit corps, et nous quittâmes Tabarié le 1er. floréal, en y laissant une garnison pour en préserver les précieux magasins.

Le général Murat avait ordonné à son aide-de-camp Beaumont, qu'il avait détaché à Saffet, de venir le joindre aux environs de Tabarié ; mais celui-ci, parti de Saffet avec une escorte de quatre hommes à pied, n'avait pu nous découvrir, et était rentré, sans faire de fâcheuses rencontres, au camp sous Acre. Il avait rejoint l'artillerie restée au premier village où nous avions couché, et avait marché avec elle. Les villages qu'il traversa ne l'inquiétèrent en aucune façon, et certes, en Egypte, jamais Français, escorté de quatre hommes, au commencement de notre campagne, n'eût pu passer près d'un village sans être attaqué. Nous n'avions vraiment à craindre que les Arabes, qui suivaient nos convois dans l'espoir de les piller ; mais les habitans respectaient fidèlement le lien qui semblait nous unir : la religion (1).

____

(1) Je ne parle ici que de la partie du Pachalic-d'Acre que nous avons parcourue plus haut.

CHAPITRE VI.

Continuation du siége. Quelques réflexions.

Nous reprîmes notre place sur la montagne le 3 floréal. J'allai de suite faire une visite à mon ordonnateur, et lui donner des détails sur les ressources que lui offrait Tabarié et sur l'expédition que nous avions faite si heureusement. Je le remerciai sur-tout de l'ordre qu'il m'avait donné de prendre le service de la cavalerie. Il était fort agréable, non-seulement à cause des bontés qu'avait pour moi mon Général, mais encore parce que la cavalerie, souffrant moins que l'infanterie, les cavaliers se plaignaient moins aussi.

Le Général en chef était de retour au camp, et l'on avait appris l'arrivée des pièces de siége à Jaffa. On les amena par terre jusqu'à Tentoura, où se trouvait un petit port avec une tour et quelques maisons situées sur le bord de la mer. De là, avec des peines infinies, on les amena au camp. Lorsqu'elles furent au parc, on alla les voir avec une curiosité intéressée ; la circonstance les rendait bien précieuses, et ces belles pièces de bronze semblaient nous dire : « Acre ne saurait nous résister ». Les habitans les contemplaient avec joie, et desiraient autant que nous de voir la ville soumise à nos armes.

Nous reprîmes au camp du général Murat notre train de vie primitif. Nous nous levions entre six et sept heures ; la toilette prenait peu d'instans : nous déjeûnions vers les dix heures, et la matinée se consacrait au service. Vers le midi, nous allions au camp pour savoir les nouvelles ou faire des visites ; nous en partions vers les trois heures, et nous dînions entre quatre et cinq, conservant les habitudes de notre pays. La table du général Murat était fort recherchée à cause du vin que nous avions rapporté de nos courses, et je ne pense jamais sans plaisir aux excellens repas que nous fesions tous les jours, et que notre appétit assaisonnait au mieux. Souvent je dînais chez mon ordonnateur ou chez d'autres personnes ; et comme je n'avais point de maison, c'est-à-dire, de table montée ;

j'eusse été très-malheureux, si je n'avais trouvé, chez le général Murat, l'accueil le plus flatteur. Il m'avait dit une fois pour toutes de me regarder comme fesant partie de son état-major, et de n'avoir aucune inquiétude sur l'avenir.

Après notre dîner, nous fumions en prenant le café au frais sous la grande tente que nous avions capturée au Jourdain : elle n'était point faite comme les autres ; ses murailles ne touchaient point la terre, et pouvaient s'ouvrir de différens côtés, de manière à établir un courant d'air en garantissant des rayons du soleil : là, nous jasions ; presque toujours nos discours roulaient, ainsi que je l'ai déjà dit, sur les femmes, les plaisirs, la France ; tous les trois alors étaient synonymes pour nous, et l'un ou l'autre suffisait pour chasser l'idée de notre désagréable position. Le soir, on se retirait dans la tente fermée, et bien souvent nous avions dans la nuit le spectacle sublime, mais affligeant de la fusillade qui s'engageait sous les murs d'Acre, des bombes qui parcouraient les airs, et des pots de feu que les assiégés jetaient à tout moment du haut des remparts, pour en éclai-

rer le pied et se préserver de quelque surprise.

Enfin, après avoir visité l'intérieur de
notre dortoir, pour en expulser les scorpions, qui s'y introduisaient dans le jour,
nous nous couchions tous dans le doux espoir de voir prendre Acre et terminer nos
peines.

Nous restâmes dans l'inaction pendant la
fin du siége, quoique des détachemens de
cavalerie fissent souvent des courses, soit
contre les Arabes, soit pour protéger des
convois.

On fit, jusqu'au 8 floréal, de continuelles
et vaines tentatives. Cette maudite tour,
qu'on avait entamée, semblait toujours offrir
un débouché dans la ville, et n'était qu'un
cul-de-sac, où, à peine montés, nos soldats
étaient accablés de bombes et d'obus que
l'ennemi y fesait descendre.

Outre la maison carrée dont j'ai parlé
plus haut, et qui servait d'hôpital, on avait
établi, dans un enfoncement près de l'aqueduc à la tranchée, une ambulance où l'on
mettait le premier appareil aux blessures ;
il y avait toujours de garde à ce poste, des
chirurgiens, et par la suite un commis-

saire des guerres, qui venait à son tour y passer vingt-quatre heures. Quoiqu'on fût éloigné de nos boyaux, le petit chemin où se trouvait cette ambulance, était enfilé par une pièce de la tour du palais de Djezzar. Des chirurgiens y furent blessés au moment où ils étaient dans l'exercice de leurs fonctions. Quoique la cavalerie fût loin du camp, et qu'elle ne fît point de service à la tranchée, je passais néanmoins mes vingt-quatre heures à l'ambulance, chaque fois que j'en recevais l'ordre.

Un matin je venais d'être remplacé par un de mes camarades, et j'allais m'en retourner au camp, lorsque je vis arriver un canonnier, brûlé par l'explosion d'un caisson ; il était dans un état affreux et demandait des secours. Il devait souffrir le martyre : son corps n'était couvert que d'une seule plaie. Les chirurgiens n'avaient point l'huile et les ligamens nécessaires pour le panser. Ils invitèrent donc ce malheureux à se rendre à la grande ambulance, où il devait recevoir tous les soins qu'exigeait sa blessure cruelle. Ce canonnier, encore étourdi de son horrible accident, demandait le chemin qu'il devait prendre. Je l'engageai à me suivre, il le fit, mais lentement. Je le précédais heureusement de quelques pas, regardant souvent derrière moi, et l'appelant quelquefois. Nous avions pris le sentier conduisant hors des jardins qui entourent Acre, et nous étions déjà éloignés de la tranchée, lorsque j'entendis tomber derrière moi un boulet qui frappa avec force. Un cri de douleur avait suivi le coup, et, me retournant pour en connaître la cause, je vis l'infortuné canonnier jeté par terre, ayant le haut des deux cuisses emporté. Il n'avait déjà plus besoin de secours, et la mort l'avait guéri subitement des maux qui le tourmentaient. On doit juger d'après cela, si mes réflexions jusqu'au camp furent tristes. Cet événement ne sortira jamais de ma mémoire, et je conclus dans cette journée, que l'homme le plus malheureux pouvait l'être encore davantage, si toutefois l'on peut appeler la mort un malheur.

Le 8 floréal, le général Caffarelli mourut. En visitant la tranchée, il s'était approché du puits que l'on creusait pour faire une nouvelle mine; ayant appuyé son bras droit sur le revers du boyau, il ne voulut point se retirer promptement , ainsi que l'engageaient à le faire les soldats de garde, qui l'assuraient que l'ennemi tirait avec beaucoup d'adresse sur le plus petit point qu'on lui offrait. Le général Caffarelli ne lui montrait que le coude.... il y reçut une balle qui le fracassa ; il tomba , cédant à sa douleur : on le rapporta au camp sur un brancard. Il avait tout son sang-froid : je le vis au moment où on le fesait entrer dans sa tente. Le chirurgien en chef Larrey jugea l'amputation nécessaire et la lui fit. Caffarelli la soutint avec fermeté , mais il fallait tout son courage , pour se voir tranquillement privé d'un second membre. Il mourut trois ou quatre jours après cette opération , et fut enterré devant les tentes du quartier-général. Bonaparte fit , dit-on , renfermer son cœur dans une boîte. Je pense que c'est par erreur que le général Berthier a écrit qu'il avait été blessé le 20 germinal. On travaillait, au commencement de floréal, à une nouvelle mine , dont l'effet manqua dans la journée du 5 floréal , et autant que ma mémoire me le rappelle, c'est vers les premiers jours de ce mois que le général Caffarelli fut blessé. Sa mort affecta vivement le Général en chef et l'armée.

Depuis que les Anglais étaient entrés dans la ville, les travaux des assiégés, dirigés par des officiers plus expérimentés et plus instruits dans l'art de la guerre que les Orientaux, nous offraient de nouveaux obstacles. Souvent la garnison fesait des sorties; si elle ne parvenait point à détruire nos ouvrages, elle en interrompait le cours, et, par des malheurs répétés, nous causait des pertes irréparables. Outre les fatigues du siége, la puanteur des tranchées presque comblées de cadavres sans sépulture, les miasmes qui s'en échappaient continuellement nourrissaient parmi nous la cruelle maladie qui nous enlevait souvent des hommes en bonne santé, ou des soldats légèrement blessés. Ici, comme dans toutes les maladies, le moral accroissait le mal, l'excitait ou préservait de la mort l'ame courageuse qui la considérait sans effroi. Pourquoi nos soldats, dans les hôpitaux, n'ont-ils pas tous également succombé? Je pense que leur tempérament en a conservé une partie, mais aussi que la force du moral en a préservé une autre.

Sûrement le malade qui s'affecte trop de son mal, qui se tourmente perpétuellement, empire ses mauvaises dispositions, aigrit son sang et accélère le moment qu'il redoute. Les esprits étaient frappés de l'idée de la peste et de ses ravages, les exemples effrayans de tous les jours, augmentant la terreur, accroissaient la contagion. C'est ce qui fesait que les officiers de santé s'efforçaient de persuader que la maladie, qui nous emportait tant de monde, n'était point la peste ; mais personne ne croyait à leurs assertions, et tout homme attaqué d'un mal de tête ou d'une légère douleur à l'aîne, pensait être pestiféré. Sur-le-champ l'imagination allait au-devant de l'abandon où l'on voyait les victimes attaquées de ce fléau, et l'on présumait avoir la peste avant qu'elle fût dans le sang.

Au 12 floréal quatre pièces de 18 furent mises en batterie, toujours contre la tour où nous fesions sans cesse de vains efforts pour nous loger. Elles achevèrent de la démolir, mais nos grenadiers ne purent pénétrer dans la place. La défense des assiégés étaient vigoureuse, et presqu'au même instant où nous tentions d'escalader les murs, ils fesaient des sorties dans lesquelles ils étaient toujours repoussés, mais qui ne laissaient pas que de nous coûter du monde.

A cette époque, l'ennemi avait déjà vu cinq fois nos troupes monter sur ses remparts.

On voulut tenter de faire une nouvelle brèche dans la Courtine à la gauche de la tour ; les travaux se poussèrent avec vigueur....., la poudre nous manqua. Il ne se fesait point de sortie que les deux vaisseaux anglais, embossés par les deux côtés de la ville, ne secondassent la garnison par des décharges réitérées de leurs bords. Depuis que nous avions des pièces d'un fort calibre, les boulets des Anglais pouvaient nous servir, et le général Berthier annonça, dans un ordre du jour, à quel taux ils se paieraient, suivant leurs différens poids. Nous avions alors le spectacle, vraiment singulier, de nos soldats sortant de leurs cabanes en terre, pour courir après les boulets que l'ennemi nous adressait.

Les assiégés avaient établi deux places d'armes hors de la ville, ils les avaient garnies d'artillerie, et l'on y voyait flotter leurs drapeaux. Ces places d'armes se communiquaient par un boyau ouvert entre la contrescarpe et notre ligne. Cette nouvelle ligne de défense nous était extrêmement nuisible , et Bonaparte voulut s'en emparer. Dans la nuit du 15 floréal, à un signal donné, des compagnies de grenadiers sortirent de nos retranchemens, et parvinrent jusqu'aux canons des ennemis. Ils les enclouèrent , mais la ville fit un feu si terrible , que nos troupes n'eurent pas le tems de tout détruire. Dans ces instans alarmans pour Djezzar , ses soldats fesaient de toutes parts une fusillade bien nourrie ; les bombes , les coups de canons et les pots de feu se succédaient avec une rapidité étonnante. L'ennemi pouvait craindre une surprise , et les vaisseaux anglais , probablement pour éveiller la garnison , et la mettre en défiance , à minuit sonnant , fesaient exactement chaque nuit une décharge de leur artillerie.

Jusqu'au 18 floréal , on fit de nombreuses attaques pour chasser l'ennemi de ses ouvrages extérieurs , mais on ne put y parvenir. Le moral du soldat s'affaiblissait , cette confiance aveugle qu'il avait après la prise de Jaffa , commençait à diminuer , et l'on remarquait qu'à la suite des sorties , on trouvait toujours beaucoup plus de monde qu'il n'en fallait pour porter les blessés. Les têtes faibles, ces hommes purement courageux parce qu'ils sont forcés de l'être, saisissaient avec empressement la moindre occasion de quitter la tranchée. Nos blessés entraient à l'hôpital avec la persuasion qu'ils allaient y trouver la peste, et souvent ils n'en sortaient que pour aller reposer éternellemeut dans le champ où on les ensevelissait.

Il ne se passa rien de fort important par ses résultats jusqu'au 18 floréal.

Le matin de ce jour, après notre déjeûné chez le général Murat, je découvris le premier à l'horizon une voile. Je la fis remarquer. Quelques instans après, nous en découvrîmes plusieurs, et du sommet de notre colline sur laquelle nous campions, nous pûmes facilement nous assurer que c'était une flotte ou un convoi. Pouvions-nous raisonnablement supposer que le Directoire nous envoyait des secours qui avaient heureusement passé jusqu'à Alexandrie, ou nos vaisseaux, instruits de notre séjour sous Acre, avaient-ils évité de suivre la côte, afin de mieux surprendre les Anglais ? Non : et nous n'osions croire ce que nous desirions si vivement. Cependant les vaisseaux anglais levèrent l'ancre précipitamment, et, se réunissant à la flottille qui appareilla de la rade de Caïffa, cinglèrent vers le large pour reconnaître les voiles qui s'approchaient. Ce mouvement pouvait nous donner quelqu'espérance, mais elle ne fut pas de longue durée, et lorsque j'arrivai au camp avec le général Murat, nous fûmes couvaincus que de nouveaux bâtimens apportaient des secours aux ennemis et des renforts.

Cette circonstance ordonnait impérieusement de s'emparer le soir même de Saint-Jean d'Acre. Attendre au lendemain, c'était nous exposer à trouver une résistance d'autant plus forte, que la ville serait alors défendue par des troupes fraiches. Effectivement Bonaparte ordonna le soir de renouveller l'attaque des ouvrages extérieurs, et de s'y loger absolument.

Aussitôt que les vaisseaux anglais eurent reconnu les voiles des Ottomans, ils revinrent mouiller à leur premier poste, et la flotille se répartit de nouveau dans la rade.

L'attaque ordonnée devait être terrible. Je vis au camp le citoyen Boyer, chef de la 18e. de ligne, se promenant avec le Général en chef, et raisonnant avec lui sur les dispositions convenables pour réussir dans l'entreprise qu'on se proposait. Il avait à la ceinture une paire de pistolets, et semblait se flatter d'un succès complet.

A dix heures du soir, nos troupes s'élancent avec une nouvelle ardeur; il semblait qu'elles n'avaient point encore paru au siége. Les officiers-généraux et les officiers des corps développent toute l'intelligenc·, le sang-froid et la bravoure si nécessaires. Ils se jettent, à la tête de nos guerriers, dans les tranchées ennemies, et font un carnage affreux : rien ne peut leur résister : la nuit dérobe aux humains la connaissance des actions héroïques qui se firent sous son voile; tout fut emporté, et l'on se logea dans cette tour si renommée. Le chef Boyer périt dans cette action, avec une partie de ses officiers et de sa demi-brigade. Quelle force nous donne donc ce desir de la gloire, cette habitude de la discipline qui soumet notre existence à la volonté d'un seul homme, qui nous fait même desirer de nous exposer sous ses yeux! Ah! sans elle nous n'aurions point d'exemples fameux de témérité et de dévouement; mais telle est

l'influence d'un grand homme, d'un héros,
que pour fixer son attention, obtenir un
mot de lui, on fait le sacrifice de sa vie.
Autant la plus faible armée est forte quand
son Général lui inspire ce noble enthousiasme, autant la plus nombreuse est faible
lorsqu'elle n'a point de confiance en son
chef.

Le lendemain, les poudres qu'on avait
envoyé chercher à Ghazah, arrivèrent. Les
batteries de brèche sur la tour et la courtine à sa gauche recommencèrent leurs feux.
Bonaparte commanda un nouvel assaut. La
brèche de la courtine offrait une ouverture
de trois arcades, où l'on paraissait pouvoir
passer facilement. Si, dans les premiers
jours du siége, nos pièces de douze eussent
pratiqué cette brèche, sûrement Acre eût
été enlevé, parce qu'aucunes des précautions que les assiégés avaient prises depuis,
n'auraient arrêté l'ardeur de nos soldats,
encore enflammés par le souvenir de la prise
de Jaffa.

A la pointe du jour, les divisions s'approchèrent de la tranchée, pour soutenir
celle qui devait pénétrer dans la ville. Au
moment où l'on jugea la brèche praticable,

on battit la charge, et les éclaireurs et grenadiers de la division du général Lannes se jetèrent dans les fossés, les franchirent, et se précipitèrent dans la ville au nombre d'environ deux cents. Dès ce moment, les bataillons de tranchée devaient engager le combat sur tous les points, sauter dans les places d'armes des ennemis, et pendant que les grenadiers, logés dans la tour prise la veille, par une fusillade bien dirigée, balayeraient les remparts de droite et de gauche, les bataillons devaient empêcher la garnison de sortir de la ville, ou peut-être y entrer avec elle. Il paraît, d'après le rapport du général Berthier, que ces divers mouvemens combinés ne s'exécutèrent point avec l'ensemble nécessaire : nos troupes furent obligées de se replier, après avoir laissé dans l'intérieur d'Acre les héros qui s'y étaient élancés. Il faudrait une autre plume que la mienne, pour peindre les détails de ces attaques réitérées, les mouvemens hardis de nos soldats, leur intrépidité et le sang-froid de leurs chefs. Ce nouvel assaut fut terrible, mais non pas le dernier. C'était la septième fois que nos guerriers gravissaient ou franchissaient les murs d'Acre,

mais la seule qu'ils pénétrèrent si avant.
Dans cette journée remarquable, le général
Lannes fut blessé dangereusement à la tête,
et le général Rambaud tué. Si nous avions
développé tous nos moyens, l'ennemi avait
de son côté déployé toutes ses ressources,
et les renforts qui lui étaient arrivés la veille,
seuls ont pu sauver la puissance de Djezzar.

C'est le 21 floréal, jour où une partie des
troupes de la division Kleber revint au camp,
que se donnèrent les huitième et neuvième
assauts ; ces derniers ne furent pas les moins
terribles, mais les résultats en furent encore plus affreux pour nous. Le premier se
donna le matin avant la pointe du jour. Vers
les quatre heures après midi, le citoyen
Venoux, chef de la 25e. de ligne, vit le général Murat avant de se rendre à la tranchée, et lui serrant la main d'une manière
expressive, il lui dit : « Si Saint-Jean-d'Acre
» n'est pas pris ce soir, tu peux dire que
» Venoux est mort ». La ville ne fut point
prise, et le chef de la 25e. tint sa parole.
A ce second et dernier effort de la journée,
nous perdîmes encore l'adjudant-général
Fouler, jeune homme d'un mérite distingué,
et que le Général en chef estimait particu-

lièrement. Le général de division Bon fut blessé mortellement par un coup de feu qui lui traversa le bas-ventre, et l'aide-de-camp de Bonaparte, Croisier, par une balle qui lui abîma la jambe. Ce dernier expira dans la traversée du désert, entre Ghazah et El - A'rich. Après cette journée, nous dûmes abandonner tout espoir de prendre Saint-Jean-d'Acre, et nous revînmes le soir à notre camp, le cœur et l'esprit accablés par les pertes récentes que venait de faire l'armée.

Le lendemain de ce jour, on voulut entamer des négociations avec Djezzar, pour nettoyer la tranchée; mais le parlementaire ne fut point accueilli la première fois, et la seconde qu'il entra dans la ville, rien n'annonça que l'ennemi voulût consentir à la proposition que lui avait faite le général Berthier, pour la sépulture des cadavres.

Le général Murat, comme commandant de la cavalerie, n'avait point encore fait de service au siége; il voulut en partager avec ses camarades les services et les dangers. C'était, je crois, le 24 floréal; nous étions venus de notre camp à celui du quartier-général, et nous y apprîmes que Bonaparte était sur la montagne d'observation dont il a été déjà question : nous y courûmes au galop de nos chevaux. Le général Murat lui demanda donc à faire le service de la tranchée, et il en reçut le commandement au moment où l'ennemi, dépassant ses lignes extérieures, venait nous attaquer dans les nôtres. Le général Murat prit sur-le-champ des dispositions pour le repousser ; il enjoignit à son aide-de-camp Colbert de se mettre à la tête d'un corps de troupes. Avec une longue-vue je pus suivre facilement le mouvement de nos grenadiers ; je vis fort bien le capitaine Colbert tenant dans sa main droite un de nos drapeaux, dans la gauche son sabre, et du geste et de la voix, excitant nos soldats. Il était devant la grande brèche de la courtine. Bientôt je le perdis de vue, et quelques instans après, je le vis revenir blessé dangereusement d'une balle qui lui avait traversé la cuisse. Le général Murat, plus heureux au dernier assaut, en portant successivement trois drapeaux de nos corps sur la brèche, avait reçu un coup de feu qui avait percé sa cravate et son gilet, sans cependant le toucher.

Je revins à notre camp, où j'annonçai le

14

malheur de l'aide-de-camp Colbert. Nous ne passâmes pas la nuit sans de grandes inquié-tudes sur notre Général, que nous eûmes le plaisir de revoir le lendemain sain et sauf.

Le général Murat me proposa un jour de monter à cheval pour faire une promenade dans la plaine. Beaumont vint avec nous, et nous prîmes deux dragons d'ordonnance. Nous nous dirigeâmes, en sortant du camp, du côté du moulin de Kerdané. Nous passâmes à côté d'une colline sur laquelle on voyait quelques ruines enfouies. Je n'ai pu découvrir à quelle ville ou fort elles avaient appartenu. On pouvait seulement conclure de la forme de cette petite montagne, probablement factice, qu'elle portait autrefois un château destiné à défendre la plaine et les débouchés des gorges. Nous continuâmes notre promenade jusqu'au moulin, où nous nous arrêtâmes. Après nous y être reposés quelques instans, nous reprîmes le chemin de notre camp, que nous apercevions à environ une lieue. Nous marchions paisible-ment en parlant de notre retour en Egypte, que nous regardions comme très-prochain, lorsque nous vîmes défiler au grand galop, et se dirigeant sur nous, une cavalerie que nous crûmes des Arabes; elle semblait sortir de derrière les ruines situées entre nous et le camp. Nous fîmes halte, et après l'avoir considérée, nous fûmes convaincus que nous ne nous trompions point. Il nous paraissait cependant impossible que des Arabes osassent s'approcher si près de nos avant-postes, qui auraient dû les poursuivre. Il fallait nous décider, car nos prétendus Arabes s'avançaient rapidement. Nous prîmes nos pistolets, et pendant que l'aide-de-camp Beaumont, le mieux monté d'entre nous, allait les reconnaître, nous nous mîmes en état de nous défendre, nous proposant de faire retraite sur le moulin de Kerdané, où il y avait une petite garnison. Mais notre alarme dura peu, car le capitaine Beaumont nous cria que c'était le Général en chef. C'était effectivement Bonaparte qui se promenait à sa manière accoutumée, c'est-à-dire, au grand galop. Les officiers qui l'accompagnaient, et lui-même, furent fort étonnés de nous rencontrer les armes à la main. « Sur ma foi, dit le général Murat, » vous nous avez fait, mon Général, une » belle frayeur; nous vous avons pris pour

» des Arabes , et si Beaumont ne vous eût
» pas reconnu , nous allions battre préci-
» pitamment en retraite ».

Cette aventure nous divertit singulière-
ment, et nous retournâmes gaîment dîner
sous notre tente.

Le 26 floréal, en nous réveillant, nous
n'aperçûmes plus les vaisseaux anglais; ils
avaient mis à la voile dans la nuit. Instruits
de la croisière de nos frégates , qui avaient
pris plusieurs bâtimens fesant partie du convoi arrivé à Saint-Jean-d'Acre , ils s'étaient
dirigés sur la côte de Jaffa , où l'on avait
signalé nos frégates , commandées par le cit.
Pérée. Effectivement les Anglais les aperçu-
rent , et *le Thésée* prit chasse sur elles. Ce
vaisseau , par sa marche supérieure, les aurait peut-être jointes , si un événement malheureux pour les Anglais ne l'eût arrêté dans
sa course, et forcé de revenir près du *Tigre*,
qui était en arrière. Le *Thésée* avait sur son
bord des obus et des boulets rangés sur sa
dunette , un accident y mit le feu, qui, se
communiquant bientôt à toutes les mèches ,
embrâsa dans un moment la partie supérieure du vaisseau , tua son capitaine, et
blessa une partie de l'équipage. Les Anglais

virèrent de bord et abandonnèrent la chasse pour réparer le désordre et les dégâts que venait de causer l'explosion subite des bombes et des obus.

Le 28, à mon arrivée dans la tente de l'ordonnateur Daure, je trouvai la proclamation suivante, dont je pris sur-le-champ copie ; les assiégés l'avaient jetée dans la tranchée, de sorte qu'elle fut bientôt répandue parmi les troupes. Cette proclamation était ainsi conçue :

Le Ministre de la Sublime Porte, aux Généraux, Officiers et Soldats de l'armée française qui se trouvent en Egypte.

« Le Directoire français, oubliant entiè-
« rement le droit des gens, vous a induits
« en erreur, a surpris votre bonne-foi, et
« au mépris des lois de la guerre, vous a
« envoyés en Egypte, pays soumis à la do-
« mination de la Sublime Porte, en vous
« fesant accroire qu'elle-même avait pu con-
« sentir à l'envahissement de son territoire.

« Doutez-vous qu'en vous envoyant ainsi
« dans une région lointaine, son unique but
« n'ait été de vous exiler de la France, de

« vous précipiter dans un abîme de dangers,
« et de vous faire périr tous tant que vous
« êtes? Si dans une ignorance absolue de ce
« qui en est, vous êtes entrés sur les terres
« d'Egypte, si vous avez servi d'instrument
« à une violation des traités, inouie jusqu'à
« présent parmi les puissances, n'est-ce point
« par un effet de la perfidie de vos Direc-
« teurs? Oui, certes; mais il faut pourtant
« que l'Egypte soit délivrée d'une invasion
« aussi inique. Des armées innombrables
« marchent en ce moment; des flottes im-
« menses couvrent déjà la mer. Ceux d'entre
« vous, de quelque grade qu'ils soient, qui
« voudront se soustraire au péril qui les
« menace, doivent, sans le moindre délai,
« manifester leurs intentions aux comman-
« dans des forces de terre et de mer des puis-
« sances alliées. Qu'ils soient sûrs et certains
« qu'on les conduira dans les lieux où ils desi-
« reront aller, et qu'on leur fournira des pas-
« se-ports pour n'être pas inquiétés pendant
« leur route, par les escadres alliées, ni par
« les bâtimens armés en course. Qu'ils s'em-
« pressent donc de profiter à tems de ces
« dispositions bénignes de la Sublime Porte,
« et qu'ils les regardent comme une occasion

« propice de se retirer de l'abîme affreux où
« ils ont été plongés.

« Fait à Constantinople, le 11 de la lune
« de Ramazan, l'an de l'hégyre 1213, et le
« 5 février 1799.

« Je soussigné, ministre plénipotentiaire
« du roi d'Angleterre près la Porte - Otto-
« mane , et actuellement commandant la
« flotte combinée devant Acre , certifie l'au-
« thenticité de cette proclamation , et ga-
« rantis son exécution.

« A bord du *Tigre* , ce 10 mai 1799.

« *Signé* , SIDNEY-SMITH. »

Je n'ai pas besoin de dire que cet écrit ne
fit aucune impression sur l'armée.

Le même jour, tous les commissaires des
guerres reçurent l'ordre de faire évacuer sur
Tentoura les blessés de leurs divisions, dans
lesquelles ils devaient prendre les chevaux,
les ânes nécessaires à ce transport. Les malades étaient déposés aux ambulances de
Kerdané et du mont Carmel. Je me trans-
portai au premier , où je trouvai l'ordonnateur en chef. Les évacuations partielles s'é-

taient succédées à mesure qu'il y avait eu encombrement. Tentoura nous offrait un débouché facile, et sur des barques on transportait à Jaffa les blessés et les malades, qui de là se rendaient également par mer à Damiette.

Les deux jours qui précédèrent la retraite de l'armée, furent donc employés à effectuer le départ de nos blessés. Généraux, officiers et soldats de toutes les divisions fournirent leurs chevaux, chameaux et ânes. Parmi les dragons de ma division, plusieurs ne pouvaient enjamber leurs montures, et l'ordonnateur en chef lui-même nous donna l'exemple du dévouement, en prenant dans ses bras des soldats pestiférés. Qui aurait pu l'arrêter dans cette circonstance affreuse, où nos malheureux camarades eussent péri par l'abandon ? La conduite généreuse de Daure fut imitée ; c'était d'ailleurs un devoir sacré pour nous. Bonaparte n'avait-il pas dit, à l'égard de l'ordonnateur Michaux, dont le zèle s'était fait distinguer au milieu des ravages de la peste à Alexandrie, qu'un commissaire des guerres dévoué qui remplissait dignement ses fonctions, méritait le titre de *père du soldat?*

Pourquoi ce fléau ne fit-il, en Syrie, périr que deux de nos camarades? Pourquoi m'épargna-t-il? Quelle est. donc cette étrange épidémie qui ne frappe point de mort indistinctement?

C'est ainsi que se fit l'évacuation des blessés ou malades, dont les douleurs leur permettaient encore de disposer de quelques moyens. Vinrent ensuite ceux qui n'avaient qu'une existence incertaine, dans le délire de la peste, attaqués du tétanos, enfin dans la position la plus désespérée. On les mit sur des caissons, et d'autres sur des brancards portés par des paysans retenus à cet effet, mais qui souvent s'enfuyaient dans la route, malgré une surveillance rigoureuse.

Nos blessés et malades une fois embarqués à Tentoura, que pouvait-on craindre pour eux? Les Anglais ne pouvaient les prendre; ils eussent introduit la mortalité parmi leurs équipages. Aussi tous ceux que l'escadre de M. Smith rencontra sur les côtes de la Syrie ne furent point inquiétés dans leur route. Où est donc maintenant l'étrange nécessité d'empoisonner nos blessés? Le sort de l'armée devant Acre était-il tellement critique, que sa retraite fût indispensable du soir au lendemain ? Et si l'évacuation de nos malades jusqu'à Tentoura ne pouvait se terminer au jour fixé, Bonaparte ne pouvait-il pas rester dans sa position, jusqu'à l'instant où l'évacuation eût été entièrement achevée? Quel intérêt d'ailleurs n'inspiraient pas ces héros mutilés au siége d'Acre, et dont les douleurs commandaient la reconnaissance ! Tous les soulagemens possibles dans notre situation leur furent accordés. Lorsqu'un Anglais suppose une action aussi inutile que celle de l'empoisonnement de nos blessés, ne veut-il pas faire oublier que quelques-uns de sa nation étaient dans Saint-Jean-d'Acre lorsque Djezzar fit jeter à la mer des chrétiens enfermés dans des sacs. A-t-il prétendu, par ses discours, effacer la honte du crime affreux dont l'escadre anglaise a partagé la complicité ? M. Smith n'écrivait-il pas au camp que lui seul commandait dans les murs d'Acre..... Et sous son commandement, on fésait endurer le supplice le plus affreux à de faibles chrétiens, coupables par leur religion, et sans autre défense que l'innocence !

Le 29, la proclamation suivante fut connue par l'ordre du jour.

AU QUARTIER-GÉNÉRAL, DEVANT ACRE.

Le 28 floréal an 7.

BONAPARTE, *Général en chef.*

Soldats,

« Vous avez traversé le désert qui sépare
« l'Afrique de l'Asie avec plus de rapidité
« qu'une armée Arabe.

« L'armée qui était en marche pour en-
« vahir l'Egypte est detruite ; vous avez pris
« son général, son équipage de campagne,
« ses bagages, ses outres, ses chameaux.

« Vous vous êtes emparés de toutes les
« places fortes qui défendent les puits du
« désert.

« Vous avez dispersé, aux champs du mont
« Thabor, cette armée d'hommes accourus
« de toutes les parties de l'Asie dans l'espoir
« de piller l'Egypte.

« Les trente vaisseaux que vous avez vu
« arriver devant Acre, il y a douze jours,
« portaient l'armée qui devait assiéger Ale-
« xandrie ; mais obligée d'accourir à Acre,

« elle y a fini ses destins ; une partie de ses
« drapeaux ornera votre entrée en Egypte.

 « Enfin, après avoir, avec une poignée
« d'hommes, nourri la guerre pendant trois
« mois dans le cœur de la Syrie, pris 40
« pièces de campagne, 5o drapeaux, fait
« 6,000 prisonniers, rasé les fortifications
« de Ghazah, de Jaffa, Caïffa, Acre, nous
« allons rentrer en Egypte ; la saison des
« débarquemens m'y rappelle.

 « Encore quelques jours, et vous avez l'e-
« spoir de prendre le pacha, même au mi-
« lieu de son palais ; mais dans cette saison
« la prise du château d'Acre ne vaut pas la
« perte de quelques jours ; les braves que
« je devrais d'ailleurs y perdre, sont au-
« jourd'hui nécessaires pour des opérations
« plus essentielles.

 « Soldats, nous avons une carrière de
« dangers et de fatigues à courir. Après avoir
« mis l'Orient hors d'état de rien faire contre
« nous cette campagne, il nous faudra peut-
« être repousser les efforts d'une partie de
« l'Occident.

 « Vous y trouverez une nouvelle occasion
« de gloire, et si, au milieu de tant de com-
« bats, chaque jour est marqué par la mort

« d'un brave, il faut que de nouveaux bra-
« ves se forment, et prennent rang à leur
« tour parmi ce petit nombre qui donne
« l'élan dans les dangers, et maîtrise la vic-
« toire ».

Dans les derniers jours de floréal, les
troupes qui occupaient Saffet, Tabarié et
Nazarèth, s'étaient repliées sur le camp,
après avoir brûlé les magasins. Je quittai la
montagne de la Cavalerie, le 30 floréal au
soir à la nuit tombante. Je partis avec un
détachement de dragons, afin de faire préparer, pour l'arrivée de ma division, le biscuit destiné à la nourrir jusqu'à son arrivée
à Jaffa. Je trouvai dans ma route plusieurs
cadavres; c'étaient ceux de nos malades ou
blessés qui n'avaient pu soutenir la fatigue,
et que la mort avait surpris.

Le premier prairial, à 9 heures du soir,
l'armée effectua sa retraite, en conservant
à sa queue la division Kléber et celle de cavalerie. La division du général Lannes marchait la première, et ce général, porté dans
une litière, précédait sa troupe, cheminant
dans le silence.

Ainsi se termina le siége d'Acre, qui s'ouvrit le 28 ventose, et se leva le premier prairial.

Qu'il me soit permis, pendant que notre armée défile dans l'obscurité, de soumettre au lecteur quelques observations. Peut-être achèveront-elles de lui peindre le tableau touchant de cette campagne.

Jaffa fut pris en quatre jours, il était difficile de mettre moins de tems à s'en emparer. La ville fut pillée, parce qu'elle fut enlevée d'assaut, et la garnison passée au fil de l'épée. Les habitans et les Egyptiens furent les seuls qui échappèrent à la mort. Nos soldats victorieux se couvrirent, ainsi qu'en Egypte, des dépouilles de leurs ennemis, mais la peste régnait déjà dans la garnison de Jaffa, et elle nous laissa en héritage cette triste épidémie, qui vint se mêler à nos trophées. Quels moyens de persuader au soldat que la prudence lui défend de se vêtir d'un habit turc, parce qu'il peut communiquer une affreuse maladie? Est-ce dans l'ivresse de son triomphe, au moment où il vient de braver tous les dangers de la guerre, qu'il redoutera un mal qui n'est que dans l'avenir? Les avis des officiers de santé, les recommandations des généraux ne furent donc point écoutées.

L'armée, vêtue d'une simple toile bleue, fort convenable au climat brûlant de l'Egypte, souffrit étonnamment des pluies abondantes qui tombèrent sur elle dès ses premiers pas en Syrie. La fraîcheur de la terre humide et des nuits rendait le sommeil dangereux, les insectes venaient encore troubler le repos de nos guerriers ; souvent ils étaient obligés de passer une partie des nuits à se chauffer, et ne s'endormaient que lorsque la lassitude et le besoin impérieux du sommeil venaient fermer leurs yeux.

C'est dans cet état que l'armée arriva devant Jaffa. Déjà les maladies étaient parmi nous, et j'ai fait mention du genre de celle qui nous enlevait souvent du monde.

Jaffa pris, nous emportâmes, avec la confiance de réduire rapidement Saint-Jean-d'Acre, les principes du fléau d'une partie de l'Orient qui germèrent pendant notre route, et se développèrent avec plus de force par la suite.

Lorsqu'on considéra militairement la place de Saint-Jean-d'Acre pour désigner le point d'attaque, on reconnut que la tour, située à l'angle des remparts, les dominant de droite et de gauche, et n'étant elle-même dominée que par le palais de Djezzar, qui ne semblait présenter aucuns moyens de résistance, on reconnut, dis-je, que cette tour était le point essentiel dont il fallait s'emparer. Le malheur voulut qu'il fût le plus solide, et la faible artillerie dont nous nous servîmes n'était point en état d'y pratiquer une brèche. Cependant l'ouvrage de Volney assurait que les murailles d'Acre étaient mauvaises, et, à l'œil, elles ne paraissaient point devoir opposer long-tems une barrière à l'ardeur de nos troupes. Lorsqu'il fut résolu qu'on battrait la tour, on prenait forcément l'engagement de continuer le siége, d'après ce système. Si, lors du premier assaut, nos éclaireurs eussent trouvé une issue dans la ville, Acre eût été pris. Mais nous nous étions adressés au seul endroit un peu solide, et l'on a pu lire pourquoi et comment nos soldats furent obligés de se retirer.

Les autres attaques à cette même tour devenaient une conséquence toute simple de la première. Avec notre artillerie de campagne, on ne pouvait espérer de raser les murs d'Acre.; il fallait donc chercher à la prendre, en s'emparant du point qui dominait les deux courtines. Après les premières tentatives, arrivèrent enfin les pièces de siége ; mais nos troupes étaient considérablement affaiblies par les maladies et les blessures.

Si, dans le commencement du siége, le pain était bon, il n'y avait point de viande, et le soldat ne mangeait avec sa ration que le peu de figues sèches ou de fromage qu'il pouvait acheter. L'eau que nous buvions dans le Kerdané n'était pas très-bonne, elle était légèrement saumâtre et fade ; elle se corrompait sans doute ainsi dans le terrain marécageux qu'elle parcourait avant de venir à son embouchure. Vers la fin du siége, les ressources de Caiffa et de Nazareth épuisées, l'on recourut aux magasins de Tabarié : ils étaient remplis de doura et de sesame (*sesamum orientale*). Ces grains fesaient un pain pâteux, et qui filait sous la dent comme une colle épaisse. Cette nourriture n'était point saine ; elle était cependant la seule pour les généraux comme pour les soldats.

Tous les individus qui composent une

15

armée ne sont pas également braves. Ceux qui l'étaient le plus parmi nos soldats, furent les premières victimes du siége ; ils firent les efforts les plus extraordinaires, et j'en ai vu qui, blessés, retournaient encore au feu ; mais à la fin, ils ne se battaient plus avec cet enthousiasme et cette ardeur qui préviennent les ordres même du chef.

La puanteur qui régnait dans la tranchée ne contribua pas peu à enraciner la peste parmi nous. La garde dans les boyaux ne pouvait s'asseoir ou marcher que sur des cadavres. Outre ces inconvéniens majeurs, la plaine d'Acre n'est point salubre, et le matin elle était ordinairement couverte de vapeurs que l'armée respirait continuellement.

La peste fit donc des ravages affreux parmi nous ; elle n'épargna aucune classe. Des généraux, des officiers, des commissaires des guerres, des employés en grand nombre en furent attaqués, et y succombèrent.

Les coups de feu devenaient extrêmement dangereux à cause de l'insalubrité de l'air. Le tétanos suivait souvent l'amputation, et le blessé mourait au bout de deux ou trois fois vingt-quatre heures.

A la fin du siége, en passant dans le camp, on y rencontrait un vide remarquable. Chaque division s'éclaircissait continuellement par les pertes répétées qu'elle éprouvait, et il ne se passait pas de jour que la peste et la suite des blessures ne nous enlevassent du monde.

Si les Anglais n'eussent point croisé sur les côtes de Syrie, nos communications auraient fait disparaître rapidement tous les malheurs subséquens du siége ; mais après deux assauts du 21 floréal, il devenait indispensable de songer à se retirer : un séjour plus long aurait augmenté nos pertes. D'autres rassemblemens auraient pu se former encore dans les montagnes, car nous n'avions point, au mont Thabor, totalement détruit les habitans de Nablous : nous les avions dispersés ; mais ils seraient revenus sans doute, aux sollicitations de Djezzar, nous inquiéter de nouveau. L'armée s'affaiblissait; la plupart des officiers distingués étaient blessés ou tués. Bonaparte avait vu trois de ses aides-de-camp hors d'état de combattre, le citoyen Duroc, qui avait reçu dans la cuisse un éclat de bombe ou d'obus, le jeune Beauharnais, qui avait été blessé à la tête, et le citoyen Croisier, qui mourut de ses blessures. Le génie avait particulièrement souffert, et le nombre des officiers de ce corps, qui revinrent en Egypte, fut peu considérable.

Notre petite armée avait continuellement à remplir la tâche pénible de suivre un siége opiniâtre, de parcourir les montagnes pour repousser les troupes qui venaient pour le faire lever, de supporter toutes les privations imaginables, et de se défendre contre un fléau plus cruel que tout cela, puisqu'il ne permettait point de mourir glorieusement. Les Français seuls pouvaient ne pas succomber à tant de maux : traverser des déserts mouvans, endurer la soif, la faim, et, ce qui est plus terrible peut-être, le besoin du sommeil, souffrir courageusement l'absence de ce qui fait aimer la vie ; voilà ce qu'ils fesaient journellement par-tout. Dans toutes les circonstances, l'armée fut digne du chef qui la commandait.

Les motifs que je viens d'exposer ne furent point les seuls qui déterminèrent sans doute Bonaparte à revenir en Egypte. Il s'était

élevé , dans les provinces septentrionales ,
quelques troubles qui avaient été appaisés ;
mais ils pouvaient se renouveler , sur-tout
d'après les fausses nouvelles que ne manquaient point de faire répandre les ennemis
sur le sort de l'armée en Syrie.

L'époque où les débarquemens peuvent se
faire plus facilement sur les côtes d'Egypte,
approchait aussi , et notre Général en chef ,
dont le génie perçait peut-être dans l'avenir,
sentait le besoin de revoir les rivages du Nil.

Ce qui sera toujours étonnant pour la
postérité , c'est qu'une si petite quantité de
Français, après avoir passé des déserts ,
pénétré en Asie , ait pris , sans artillerie,
Jaffa en quatre jours , ait tout-à-la-fois com-
battu la peste , les besoins de tout genre ,
bloqué Acre , battu des forces considérables
en même tems au mont Thabor, sur les rives
du Jourdain. C'est dans cette campagne
qu'on peut trouver des exemples sans nombre d'actions et de dévouement héroïques.

Si l'expédition en Syrie ne fut point heureuse par tous ses résultats , elle a fait connaître au monde entier ce que peuvent
entreprendre des Français , et à son chef ce
qu'il pourrait en exiger un jour. Quelle con-

fiance Bonaparte ne doit-il pas avoir dans des soldats qu'il a pu éprouver si souvent ; et pourquoi cette confiance ne l'engagerait-elle pas , dans d'autres tems , à tenter des choses plus grandes encore ?

CHAPITRE VII.

Retraite de l'armée. Anecdotes sur la peste. Arrivée au Caire.

Dans le courant de la journée du 2 prairial , l'armée se réunit successivement à Tentoura. On avait réservé dans les magasins de cet endroit quelque peu de biscuit qu'on délivra à la troupe à raison de huit onces par homme. Les Arabes étaient déjà à notre poursuite ; ils cherchaient à nous piller.

Le 3 , au matin , l'armée se mit en marche, en suivant toujours le rivage.

Je placerai ici ma première anecdote sur la peste , parce que c'est à Tentoura que je vis cette maladie dans son jour le plus affreux. Des hôpitaux de Kerdané et du Mont-

Carmel, on fesait filer sur Tentoura nos malades et nos blessés. De Tentoura, de petits bâtimens les portaient à Jaffa, et de là à Damiette. Il y avait encore dans les cabanes sur les bords de la mer, quelques malheureux qui attendaient qu'on les transportât. Parmi eux, un soldat était attaqué de la peste, et dans le délire qui accompagne quelquefois l'agonie, il supposa sans doute, en voyant l'armée marcher au bruit du tambour, qu'il allait être abandonné ; son imagination lui fit entrevoir l'étendue de son malheur, s'il tombait entre les mains des Arabes. On peut supposer que ce fut cette crainte qui le mit dans une si grande agitation, et qui lui suggéra l'idée de suivre les troupes; il prit son havre-sac, sur lequel reposait sa tête, et le plaçant sur ses épaules, il fit l'effort de se lever. Le venin de l'affreuse épidémie qui coulait dans ses veines lui ôtait ses forces, et au bout de trois pas, il retomba sur le sable en donnant de la tête. Cette chute augmenta sa frayeur ; et après avoir passé quelques momens à regarder, avec des yeux égarés, la queue des colonnes en marche, il se leva une seconde fois, et ne fut pas plus heureux : à sa troisième tentative, il succomba ; et tombant plus près de la mer, il resta à la place que les destins lui avaient choisie pour tombeau. La vue de ce soldat était épouvantable ; le désordre qui régnait dans ses discours insignifians, sa figure qui peignait la douleur, ses yeux ouverts et fixes, ses habits en lambeaux offraient tout ce que la mort a de plus hideux. L'œil attaché sur les troupes en marche, il n'avait point eu l'idée, toute simple pour quelqu'un de sang-froid, de tourner la tête d'un autre côté ; il aurait aperçu la division Kléber et celle de cavalerie, qui quittèrent Tentoura après les autres, et l'espoir de se sauver aurait peut-être conservé ses jours.

Le 3 prairial, nous couchâmes sur les ruines de Césarée, appelée auparavant la tour de Straton, et dans la suite Flavie Auguste Césarée. Le Général en chef se baigna dans la mer, ainsi qu'une partie de l'état-major. Le bain me fit beaucoup de bien, et oublier en partie les fatigues de la journée.

Le lendemain, tout en cheminant sur

Jaffa, nous nous battîmes contre les Naplouzins. Un d'entr'eux, n'ayant point le tems
de se sauver sur la gauche dans les montagnes, fut obligé de se jeter dans la mer.
Il était bon nageur, et sans s'effrayer, il se
tint sur l'eau pendant que l'armée défilait,
recevant tous les coups de fusil que nos soldats lui tiraient sans pouvoir l'attraper.

Nous marchâmes presque toute cette nuit.
Non, je ne crois pas qu'il y ait de plus grand
supplice, que de ne pouvoir dormir. Obligés souvent de passer dans des chemins
étroits, nos chevaux s'arrêtaient; nous ne
restions pas dans cette inaction le tems de
quelques secondes, que le sommeil nous
gagnait, et même en marchant nous dor-
mions. Je tombai deux fois de cheval, et
fus contraint de faire route à pied, pour
éviter l'inconvénient de m'assoupir. Tout le
monde eût acheté bien cher la faveur de
se reposer quelques heures; mais l'armée
n'avait plus de vivres, et il fallait arriver
à Jaffa.

C'est dans cette journée que nous com-
mençâmes à incendier les villages et les moissons. Les habitans de ces contrées avaient
commis bien des assassinats; ils nous avaient

toujours inquiétés pendant le blocus de Jaffa, et avaient attaqué plusieurs de nos convois. Le cit. Boinosd, neveu, commissaire des guerres, avait été assassiné par eux. Plus prudens qne notre ennemi, nous voulions le mettre dans l'impossibilité de nous suivre, et le priver des ressources nécessaires pour tenter une incursion en Egypte. Ainsi loin de lui laisser, comme il avait fait si heureusement pour nous, des magasins bien approvisionnés, nous mettions le pays dans l'impossibilité de nourrir de long-tems des troupes avec le produit de son territoire. Le vent portait la flamme jusques dans les montagnes; elle menaçait les villages d'un incendie affreux, et la terre, couverte de cendres, semblait être un vaste autel fumant encore du juste sacrifice fait aux mânes des héros français morts en Syrie.

Enfin le 5, nous campâmes à quatre lieues de Jaffa, près d'un torrent. On pense bien qu'aussitôt que la troupe fut arrêtée, elle s'abandonna au repos; il était indispensable pour réparer nos maux. J'avais, par ordre du général Murat, quitté la cavalerie, afin d'arriver des premiers à Jaffa, et de pouvoir prendre sur-le-champ les dispositions nécessaires pour assurer la distribution des vivres à ma division. A peine fûmes-nous arrêtés, et il était déjà tard, que je m'endormis profondément dans la tente de l'ordonnateur Daure; le canon ne nous aurait point réveillés, mais les chefs de l'armée avaient des inquiétudes que nous ne connaissions point. Entre 11 heures et minuit, le général Berthier appela l'ordonnateur Daure, et lui donna l'ordre de me faire partir sur-le-champ pour Jaffa. Le second me tira tellement par le bras, qu'à la fin je sortis de mon assoupissement; je fus fortement contrarié, et peut-être encore plus qu'à Térané en Egypte; mais toutes les observations possibles ne pouvaient m'empêcher d'obéir, et depuis longtems j'avais pu contracter l'habitude de faire ce que mes chefs commandaient. Le général Berthier me dit que la division Kléber avait le plus grand besoin de vivres, qu'elle était encore éloignée, et qu'il fallait absolument lui en faire transporter de Jaffa, qu'il n'y avait point un moment à perdre. « On va, ajouta « le général, vous donner un guide à dro- « madaire et une escorte de dragons. Partez, « et faites diligence ». Je pris mes armes, mon manteau , et tenant mon cheval par la bride , je parcourus le camp pour trouver les dragons qui devaient m'accompagner. Tout le monde dormait, le plus grand silence régnait par-tout. J'enviai le sort de tous les soldats que je voyais couchés par terre autour des feux. Je trouvai les dragons ; le guide à dromadaire se fesant attendre , je profitai de ce court intervalle pour faire un petit somme , après quoi allumant ma pipe , je continuai ma route vers Jaffa , fesant de tems en tems la conversation avec mes dragons , qui juraient comme tous les diables , et qui bâillaient à toutes minutes. Je m'étais fait du mal en tombant la nuit passée , et je voulais me garantir, à ce voyage , d'une troisième chute.

A la pointe du jour , j'arrivai au pont de bateau établi sur la rivière de la Hoya , et une heure après à Jaffa. Je fis expédier sur-le-champ des chameaux chargés à la division Kléber ; je pris mes mesures pour assurer la subsistance à la cavalerie, après quoi l'on peut supposer avec quel délice je m'endormis profondément.

L'armée campa dans les jardins de Jaffa ,

et la cavalerie à près d'une demi lieue, sur les bords d'un ravin, regardant les montagnes de Nablous, et les rivages de la mer. Devant nous, coulait un ruisseau.

Nous séjournâmes les 6, 7, 8; et le 9 nous nous remîmes en route.

Les Arabes et les Naplouzins vinrent nous attaquer plusieurs fois. Le général Murat les chargea le 8 avec une partie de la cavalerie; ils disparurent, et nous ne les revîmes plus.

Pendant ce séjour, on distribua à la troupe tout ce que renfermaient les magasins; il y avait du tabac et du savon : on fit sauter les fortifications.

Je placerai ici ma seconde anecdote sur la peste; elle est également remarquable.

Parmi les officiers de santé employés à l'hôpital de Jaffa, un, de 3e. classe, se trouva attaqué des symptômes de la peste. Le chirurgien en chef de l'hôpital lui conseilla de boire quelques liqueurs fortes, de faire un grand exercice et de beaucoup transpirer, en se tenant chaudement dans son lit. Il prit le dernier parti, parce qu'il lui sembla le plus commode et le plus convenable à l'engourdissement qu'il ressentait

dans tous les membres : il se coucha donc.
Les infirmiers, instruits que ce jeune homme était malade, le regardant comme mort,
puisqu'il avait la peste, forcèrent la porte
de sa chambre, soulevèrent sa tête et son
oreiller, et prirent dessous une montre et
le peu d'argent que possédait l'officier de
santé. Soit que la crise fût moins forte, que
le tempérament protégeât ce jeune homme,
ou que l'abondante transpiration le sauvât,
il ne mourut point, et rendit compte de ce
qu'il avait éprouvé lorsque les infirmiers,
qu'il reconnut fort bien, étaient venus le
voler. Il lui semblait, au moment même où
jouissant encore de toute sa connaissance,
on lui dérobait ses faibles richesses, que le
suprême bonheur était de rester dans l'état
d'apathie où il se trouvait; ouvrir la bouche, prononcer un mot, tourner la tête,
étaient des choses trop pénibles et trop fa-
tigantes, et il lui parut préférable de se laisser voler paisiblement, sans remuer pour
l'empêcher : c'est cet engourdissement dangereux que les officiers de santé engageaient
à braver ; et je me rappelle que d'après les
différens exemples que j'avais eus sous les
yeux, au moindre mal de tête je montais

à cheval, je courais jusqu'à ce qu'une sueur abondante m'eût débarrassé de la légère incommodité que je ne redoutais qu'à cause de ses suites.

De Jaffa, la cavalerie marcha le long des dunes, ramassant tous les bestiaux que nous rencontrions, ce qui fit que dans cette route nous eûmes toujours abondamment de la viande fraîche ; les autres divisions, sur notre gauche, achevaient d'incendier tous les villages rebelles et les moissons. La Palestine paraissait tout en feu.

Nous respectâmes Ghazah, dont nous n'avions point à nous plaindre, mais on fit sauter le fort.

La cavalerie reçut ici l'ordre de passer la première le désert, et nous fîmes une seconde fois cette pénible traversée avec le général Verdier.

Je ne répéterai pas les nouvelles souffrances que nous eûmes à supporter. Elles furent moindres cependant qu'au premier voyage, parce que nous trouvâmes des magasins bien approvisionnés, et n'eûmes point d'ennemis à combattre.

C'est avec plaisir que je me vois arrivé à la

fin du récit de cette expédition. Le lecteur sera, comme moi, fatigué des images tristes que j'ai dû tracer. C'est la mort, toujours la mort, sous des aspects divers. A chaque instant nous avons eu à regretter des héros, ou à gémir sur les malheurs d'une guerre faite contre des barbares. Par-tout, en opposition au génie d'un grand homme, des obstacles sans nombre et des dangers nouveaux.

Il me semble à cette partie de mes mémoires, que je n'ai plus que des choses riantes à écrire, et je ressens, en pensant à mon retour en Egypte, cette douce consolation que j'éprouvai effectivement lorsque je rentrai au Caire. L'Egypte, depuis la campagne pénible que nous venions de faire, était devenue pour nous une seconde patrie ; nous devions y trouver bien des douceurs, qu'une position plus pénible nous avait fait apprécier, la tranquillité, une résidence dans une grande ville, le plaisir de la table, la jouissance de coucher dans un lit, et par-dessus tout celle de revoir nos camarades. Nous trouvâmes le Caire embelli pour des Français, c'est-à-dire qu'il s'y était formé , pendant notre absence, des établissemens de tous genres. Nous trouvâmes des restaurateurs , une tannerie , une boutique où l'on vendait des sirops ; des tailleurs , des bottiers , des chapeliers, enfin tout ce qui nous devenait nécessaire. Des forts s'élevaient autour de la ville , et nous préservaient d'une seconde insurrection.

Avant de faire notre entrée au Caire , Bonaparte fit rassembler toute l'armée , le 26 prairial , devant Lacoubé. Elle se rangea sur une belle ligne , qui dut étonner les habitans de la ville , qui s'attendaient sûrement, d'après les bruits qu'on avait répandus , à voir le Général en chef revenir sans troupes.

Les premiers Français que nous embrassâmes à notre retour , nous semblèrent malades. Ils étaient très-blancs en comparaison de nous , et nous fûmes fort étonnés de la différence de nos couleurs , à laquelle nous n'avions point encore songé.

L'armée entra au son des instrumens , et fut plusieurs heures à traverser le Caire ; ce qui acheva de détruire les faux bruits que l'on avait semés sur sa destinée.

16

Voilà le précis des principaux événemens de l'expédition en Syrie, je ne crois pas qu'aucun fait intéressant me soit échappé, et j'aurai rempli mon but, si le lecteur s'est cru un moment au milieu de nos carrés, marchant avec nous, partageant nos souffrances et nos privations.

FIN DU DEUXIÈME LIVRE.

LIVRE III.

Séjour en Egypte. Mon retour en France après la convention d'El-A'rych.

CHAPITRE PREMIER.

Séjour en Egypte. Course contre les Arabes.

Pendant que nous étions en Syrie, la division Desaix seule était encore en activité. Elle poursuivait sans relâche Mourad-Bey, croyait le joindre...., et apprenait qu'il était au village que nos troupes avaient quitté deux jours auparavant. Il y eut plusieurs affaires, mais elles ne terminèrent rien, puisqu'elles ne livrèrent point le chef des Mamlouks. Nous occupions toutes les provinces de la Haute-Egypte, par-tout on y reconnaissait notre autorité. Cependant les villages étaient obligés d'accueillir par force, et souvent par intérêt, les Mamlouks qui venaient les occuper. Il aurait fallu assez de troupes pour garder chaque bourg, et la division de Desaix se composait de trois à quatre mille hommes actifs d'infanterie, et de 1200 de cavalerie. Les communications étaient toujours difficiles; pour envoyer une lettre, qu'on n'osait confier à un paysan, il fallait un détachement; il en fallait aussi, et de considérables, pour escorter les convois; quoique les fatigues, l'ophtalmie et d'autres maladies nous enlevassent beaucoup de monde, nos soldats semblaient encore se reproduire. Notre force morale était telle, que contre un rassemblement nombreux on n'envoyait que quelques compagnies. On voyait le chef-lieu d'une province n'avoir pour garnison qu'un bataillon affaibli, et repousser néanmoins les paysans, les Arabes qui se réunissaient souvent pour nous attaquer.

Desaix, suivant les traces de Mourad-Bey, remonta jusqu'aux dernières cataractes, jusqu'aux dernières habitations de l'Egypte, après lesquelles on entre dans le désert immense qui sépare cette contrée d'avec l'Abyssinie. La division s'empara de plusieurs ports sur la mer rouge, et il ne resta bientôt plus un point en Egypte où l'on ne vît flotter l'étendart de nos armées. Tout en courant après les Mamlouks, Desaix, amant et protecteur des arts, donnait au citoyen Denon toutes les facilités possibles pour faire les dessins, et recueillir les matériaux qui lui ont servi à composer son intéressant voyage ; pour la première fois, peut-être, l'on voyait les arts et la guerre voyager ensemble. Ainsi, chaque jour Desaix, par de nouveaux combats, offrait de nouveaux tableaux au cit. Denon, et celui-ci en les peignant, transmettait à la postérité les hauts faits du jeune guerrier que la France regrettera toujours.

L'ordre s'était établi au Caire dans toutes les parties de l'administration.

La monnaie était en activité, et l'institut commençait ses recherches.

De tous côtés les Français avaient déployé leur industrieuse activité, et nos besoins en tout genre présentaient mille moyens de fortune aux spéculateurs adroits.

Les Turcs s'enrichissaient également : ils imitaient tous les ouvrages français, ils brodaient fort bien , et le luxe , que notre séjour en Egypte devait anéantir, se releva par leurs soins.

Toute l'armée mangeait de fort beau pain et de la viande de buffle. Cette viande ne fesait peut-être pas d'aussi bon bouillon que celle du bœuf, mais elle n'était point mauvaise , et l'habitude fit bientôt oublier la différence de la blancheur. Le mouton gras et bien nourri offrait une excellente chair ; sa queue monstrueuse , large à sa racine, contient une grande quantité de graisse , et j'en ai vu qui pesait depuis 10 jusqu'à quelquefois 14 livres.

La partie dont le Général en chef allait s'occuper était l'habillement. Il était nécessaire de le renouveller , sur-tout aux troupes revenues de Syrie. La difficulté de trouver du drap bleu , fit qu'on adopta toutes les couleurs. Tel corps devait être en rouge , un autre en jaune , etc. etc. mais un repos d'un mois tout entier eût été une chose extraordinaire à notre armée , et si nous le desirions , l'ennemi ne voulait point nous en laisser jouir.

N'anticipons point sur les événemens. Après ce court exposé de notre situation en Egypte à notre retour de Syrie, je vais reprendre le récit des événemens à cette époque.

J'occupais mon premier logement chez mon ordonnateur Daure. Avec quelle volupté je me trouvai abrité, garanti de l'ardeur du soleil que, depuis le 22 pluviose de la même année, j'avais presque toujours vu lever et coucher, et dont les rayons avaient si étrangement noirci ma figure ! quel plaisir n'éprouvai-je pas à me déshabiller, à m'étendre entre deux draps sur une natte fraîche ! tout était jouissance pour moi dans ce moment heureux, je pouvais écrire, lire, jouer de ma flutte dont j'étais séparé depuis si long-tems; je mangeais autour d'une table fort bien servie, assis sur une chaise fort commode. Tout enfin prenait une teinte de la joie que je ressentais, et je me disais souvent, en songeant aux peines que j'avais eues dans l'expédition de Syrie : « tu viens de « gagner ton brevet de commissaire des « guerres », je n'avais rempli jusqu'alors mes fonctions qu'en qualité d'adjoint ; je n'avais que 20 ans, mais je craignais peu l'obstacle que mon âge mettait à ma nomination, et je me reposais sur les bonnes intentions de mon ordonnateur , et sur les preuves de zèle que j'avais pu donner.

Je goûtais donc une parfaite tranquillité , interrompue souvent par le souvenir de ma patrie et par la privation des nouvelles. Depuis le jour du débarquement des troupes à Alexandrie, je n'avais reçu aucunes lettres de ma famille , j'étais inquiet sur son compte ; elle devait l'être bien plus sur le mien. Sûrement elle connaissait le malheureux accident qui donna la mort à l'ordonnateur Sucy en Sicile , et me croyant peut-être parmi les personnes qui l'avaient accompagné , elle pouvait pleurer ma mort. Cet événement se confirma quelques jours après notre arrivée au Caire , les premiers bruits nous étaient parvenus jusqu'en Syrie. Combien alors je bénis ma destinée , et le refus que le Général en chef avait fait de me laisser partir.

Souvent je me promenais dans le Caire , je fesais des visites à mes camarades , je me délassais enfin , quand je reçus un matin l'ordre de me tenir prêt à partir avec le général Murat. J'allai le voir , c'était tout simplement une course à faire contre des Arabes qui étaient venus s'établir au midi du Caire, sur la rive droite du Nil. Le Général en chef voulait que, pour les surprendre, le général Murat, tournant le mont Mokattam, et combinant sa marche dans le désert, arrivât sur le camp des Arabes, situé près d'un village qu'on lui désignait, à la petite pointe du jour.

Nous emmenâmes avec nous de la cavalerie, et un détachement d'infanterie pour escorter notre convoi de chameaux qui portaient de l'eau et des vivres.

Nous partîmes un après-midi, et sortant par la porte du côté de Lacoubé ; nous tournâmes le mont Mokattam, suivant la route que nous traçait un guide arabe. Nous marchâmes toute la soirée. Avant de nous reposer, nous traversâmes une vallée de sables, au milieu desquels j'aperçus des morceaux de bois pétrifié, d'une grosseur remarquable. C'était des troncs et des parties d'arbres presqu'entiers. Je n'avais jamais rien vu d'aussi surprenant, et la quantité de ces restes étonnans indiquait facilement que là, autrefois, avait existé une forêt considérable. Plus loin, l'on apercevait comme l'ancien lit d'un fleuve. Je pris une note de cette rencontre singulière, et à notre rentrée au

Caire, quelques jours après, je la remis au cit. Monge. Il n'est pas étonnant que les voyageurs n'aient point parlé de cette forêt pétrifiée, située à environ 3 lieues directes, sud-est du Caire ; les révolutions locales dans les déserts sont très-fréquentes, comme on le sait, et tel objet, découvert aujourd'ui, sera englouti sous les sables dans quelque tems, tandis que tel autre, enfoncé profondément, revient par une cause très-simple et commune en Egypte à la superficie du sol.

Nous cheminâmes la nuit, et à mesure que nous approchions du terme de notre petite expédition le terrain changeait, et nous marchions au milieu de collines rapides et très-inégales. La lune disparut de bonne heure, et nous laissant dans l'obscurité, notre guide nous égara. Quelques-uns de nos chameaux, qui roulèrent avec leurs charges dans le bas d'un ravin, nous firent perdre beaucoup de tems. Le lendemain, à l'aurore naissante, nous fûmes fort étonnés de nous trouver au milieu des déserts, et de n'apercevoir point les bords du Nil. Nous ne risquions rien de nous jeter sur notre droite, mais le but de notre course était déjà manqué. Nous arrivâmes de jour au village qu'occupait la tribu que nous chassions, nous ne l'y trouvâmes plus. Nous passâmes là la nuit, pour faire rafraîchir la troupe.

Le général Rampon, qui remontait le Nil avec des troupes pour se porter dans une des provinces de la Haute - Egypte, avait donné la première alarme aux Arabes, et les villages, par le moyen qu'ils emploient habituellement, s'étaient annoncé mutuellement la nouvelle de l'arrivée des Français.

Voici en quoi consiste ce moyen, dont se servent les villages pour se prévenir rapidement de la marche de l'ennemi, ou indiquer le moment où ils doivent se réunir pour le combattre. Comme le terrain est plat, des minarets d'un village, on aperçoit facilement les plus voisins : de la poussière, jetée de leurs sommets, et en assez grande quantité à une ou plusieurs reprises, forme un petit nuage qui se distingue du minaret prochain, et ces signes se répétant ainsi de villages en villages, leur tiennent lieu de *télégraphes.*

Le lendemain matin, nous nous jetâmes de nouveau dans les sables, espérant joindre la tribu, qui, obligée de décamper très-

promptement, n'avait pu s'éloigner de beaucoup, à cause de ses bestiaux et de ses chameaux.

Effectivement, après avoir marché quelques heures, nous trouvâmes plusieurs femmes abandonnées dans des ravins avec des
troupeaux et des enfans. Les hommes n'a-
vaient pas craint de laisser leurs femmes,
persuadés probablement que nous ne leur
ferions aucun mal.

Cette course remplit à-peu-près le but que
nous nous étions proposé, puisque la tribu
ennemie était dispersée. Ce même soir, nous
nous rapprochâmes du Nil, bivouaquâmes
près d'un autre village, et le lendemain nous
étions de bonne heure au Caire. Je n'ai parlé
de cette course qu'à l'égard de la découverte
de ces bois *pétrifiés*; découverte autant remarquable que singulière.

CHAPITRE LI.

Bataille d'Aboukir. Départ pour France du Général en chef. Son arrivée à Fréjus.

Avec quel plaisir je vais écrire ce chapitre ! si pour la dernière fois je parle combats, si de nouveau je cite au lecteur les officiers distingués qu'il aura encore à regretter, sa douleur se mêlera agréablement au souvenir d'une affaire étonnante, et par ses résultats, et par la barrière qu'elle a ouverte dans l'immortalité au génie de Bonaparte. On ne saurait citer la brillante journée d'Aboukir en l'an 7, sans songer à celle de l'an 6; mais aussi sans penser que si Bonaparte n'eût point vaincu, la France ne verrait point, peut-être en cet instant, sa guerre intestine appaisée, et les plaies de la révolution fermées. Ce nom sera donc célèbre à jamais dans notre histoire, et ma plume achève sans peine la tâche que je lui ai imposée.

A mon retour au Caire, je tombai malade.

Ma maladie ne fut point dangereuse ; elle n'était que la suite de mes fatigues ; mais elle m'empêcha de suivre le général Murat à Aboukir.

Mourad-Bey , que Desaix ne laissait point en repos, était descendu dans la Basse-Egypte. Ce mouvement semblait se combiner avec la marche de quelques autres Mamlouks et de plusieurs tribus Arabes. Mon général reçut l'ordre , peu de jours après notre dernière rentrée à la capitale , de passer le Nil avec sa cavalerie , et de se diriger sur le lac Natron. Les deux Mourad allaient peut-être se joindre et se combattre. Quoiqu'indisposé, je partis avec ma division. Cependant comme il était probable que cette nouvelle expédition serait de peu de durée, le général Murat m'enjoignit de revenir au Caire, où je devrais m'occuper plus particulièrement de l'administration des corps, que j'avais été forcé de négliger, par suite des mouvemens continuels de l'armée. Je fis mes adieux , et j'embrassai mon général pour la dernière fois en Egypte.

La cavalerie prit quelques Mamlouks séparés du corps de Mourad-Bey , et celui-ci s'étant approché des grandes pyramides ,

Bonaparte en fut instruit , et passa bientôt
le Nil pour aller l'attaquer. Il est évident
que Mourad-Bey ayant connaissance du prochain débarquement à Aboukir , descendait
vers les côtes, afin d'être à portée de s'unir
aux Ottomans. Ce mouvement extraordinaire, dont on cherchait en vain la cause ,
fut expliqué promptement par la lettre que
reçut Bonaparte , campé aux pyramides, et
qui lui donna connaissance de l'arrivée de
la flotte turque chargée de troupes pour
opérer une descente. Le Général en chef ,
revenu à Gizéh, fit expédier ses ordres pour
la marche de l'armée vers le point menacé.

Cette nouvelle inattendue troubla notre
tranquillité, et quoique confians dans nos
moyens, nous ne pouvions point attendre ,
sans une vive impatience , le résultat d'une
affaire qui allait décider de notre sort. On
prit des mesures pour assurer aux Français ,
en cas de révolte des habitans, une retraite
à la citadelle qui avait été mise en état de
défense. On y transporta même sur-le-champ
une partie des papiers de l'administration
de l'armée.

Le général Dugua commandait la ville.
Sa prudence et sa sagesse nous conservèrent,

pendant la crise, le calme le plus parfait.

Combien je fus contrarié de ne pouvoir aller joindre le général Murat. J'ai encore les plus vifs regrets d'avoir manqué un des combats les plus glorieux de notre expédition.

Bonaparte, avec cette activité extraordinaire, et qui a toujours été si bien secondée par le général Berthier, fit, avant son départ de Gizéh, toutes les dispositions nécessaires dans toutes les chances possibles. Une partie de la cavalerie, sous les ordres du général Davoust, attaché à la division Desaix, descendit de la Haute-Egypte et se joignit à l'armée. Kléber, et une partie de sa division quittèrent Damiette et vinrent à Rosette; le général Regnier resta dans sa province, et Desaix se rapprocha du Caire; un corps de troupes fut chargé de suivre et d'occuper continuellement Mourad-Bey. Enfin tout fut prévu: ces précautions étaient indispensables. En même tems qu'elles rassuraient le soldat, qui aime toujours à savoir ce qu'il doit faire dans telle et telle circonstance, elles firent voir aux habitans qu'il n'était pas besoin de toutes les forces françaises pour combattre l'ennemi, et par suite qu'il serait dangereux pour eux de se révolter. Les habitans de l'Egypte firent si bien ce raisonnement, qu'ils ne firent point le moindre mouvement pendant les jours d'incertitude sur l'affaire d'Aboukir.

L'armée se rassembla à Rhamanié, près Rosette.

Les premières lettres de l'armée nous annoncèrent que le fort d'Aboukir avait capitulé; cet événement nous parut étrange. Comment nos soldats, connaissant la barbarie des Turcs pour leurs prisonniers, avaient-ils osé se rendre? Quels motifs avaient pu déterminer la garnison? L'espoir de revoir la France séduisit sans doute les esprits, et les Anglais firent probablement entendre que le retour dans notre patrie deviendrait la récompense de la trahison. Ces réflexions nous attristèrent, parce qu'elles nous présentaient plus de difficultés à surmonter pour chasser les Ottomans.

N'ayant point été présent à la fameuse journée du 7 thermidor, je ne puis en rendre compte qu'avec le secours du général Berthier qui l'a tracée dans le plus grand détail. Avant, je dois rapporter un mot de

Bonaparte, bien remarquable, et qui pourra donner une idée des grands projets que son vaste génie embrassait déjà.

Le 6 thermidor, le Général en chef avait pris position aux puits entre Alexandrie et Aboukir ; ce point était le rendez-vous général de l'armée. Dans la nuit, Bonaparte fit appeler le général Murat ; ils s'entretinrent du combat qui devait se donner le lendemain, et dans cette conversation, Bonaparte s'écria : « Cette bataille va décider du sort du « monde »..... Le général Murat, étonné, et dont les idées étaient entièrement fixées sur l'importante affaire que le soleil allait bientôt éclairer, lui répondit : « Au moins « du sort de l'armée ; mais ce qui doit vous « rassurer, mon général, c'est qu'il n'y a « pas un soldat qui ne sente la nécessité de « vaincre..... et nous vaincrons. L'ennemi « n'a pas de cavalerie, la vôtre est brave, « et je vous réponds que si jamais infanterie « doit être chargée par de la cavalerie, les « Turcs le seront par la mienne ».

On verra si le général Murat tint parole.

Il est évident, d'après cette anecdote, que le Général en chef songeait déjà à son départ. Il avait sans doute reçu des lettres qui lui fesaient sentir la nécessité de son retour en France. La bataille d'Aboukir a décidé du sort du monde, puisqu'en moins de deux ans la paix régna dans toute l'Europe, et que l'influence de Bonaparte la lui donna.

Le 7 thermidor vit la défaite complète des Ottomans, et quelques mois après, lorsque je mouillai à Aboukir, dans ma traversée du Boghaze du Nil à Alexandrie, on ne pouvait encore faire un pas sur cette langue de terre, sans fouler des ossemens et des dépouilles de toute espèce.

Pour ne point ralentir l'intérêt, en privant le lecteur de la relation intéressante de la bataille du 7 thermidor an 7, je copie ici, mot pour mot, le rapport du général Berthier.

« Le 7 thermidor, à la pointe du jour,
« l'armée se mit en mouvement ; l'avant-
« garde est commandée par le général Mu-
« rat, qui a sous ses ordres 400 hommes de
« cavalerie, et le général de brigade Des-
« taing, avec trois bataillons et deux pièces
« de canon.

« La division Lannes formait l'aile droite,
« et la division Lanusse l'aile gauche. La di-
« vision Kléber, qui devait arriver dans la

« journée, formait la réserve. Le parc, cou-
« vert d'un escadron de cavalerie, venait
« ensuite.

« Le général de brigade Davoust, avec deux
« escadrons et 100 dromadaires, a ordre de
« prendre position entre Alexandrie et l'ar-
« mée, autant pour faire face aux Arabes et
« à Mourad-Bey, qui pouvait arriver d'un
« moment à l'autre, que pour assurer la
« communication avec Alexandrie.

« Le général Menou, qui s'était porté à
« Rosette, avait eu l'ordre de se trouver,
« à la pointe du jour, à l'extrémité de la barre
« de Rosette à Aboukir, au passage du lac
« Madié, pour canonner tout ce que l'en-
« nemi aurait dans le lac, et lui donner de
« l'inquiétude sur sa gauche.

« Mustapha Pacha avait sa première ligne
« à une demi-lieue en avant du fort d'Abou-
« kir ; environ mille hommes occupaient un
« mamelon de sable, retranché à sa droite
« sur le bord de la mer, soutenu par un
« village, à trois cents toises, occupé par
« douze cents hommes et quatre pièces de
« canon. Sa gauche était sur une montagne
« de sable ; à gauche de la presqu'île isolée,
« à six cents toises de la première ligne ,

« l'ennemi occupait cette position, qui était
« mal retranchée, pour couvrir le puits le
« plus abondant d'Aboukir. Quelques cha-
« loupes canonnières paraissaient placées
« pour défendre l'espace de cette position à
« la seconde ligne; il y avait deux mille
« hommes environ, et six pièces de canon.

« L'ennemi avait sa seconde position en
« arrière du village, à trois cents toises;
« son centre était établi à la redoute qu'il
« avait enlevée; sa droite était placée der-
« rière un retranchement prolongé depuis
« la redoute jusqu'à la mer, pendant l'es-
« pace de cent cinquante toises; sa gauche,
« en partant de la redoute vers la mer, oc-
« cupait des mamelons et la plage, qui se
« trouvait à-la-fois sous les feux de la re-
« doute, et sous ceux des chaloupes canon-
« nières; il avait, dans cette seconde posi-
« tion, à-peu-près sept mille hommes et
« douze pièces de canon. A cent cinquante
« toises derrière la redoute, se trouvaient
« le village d'Aboukir et le fort, occupés
« ensemble par environ quinze cents hom-
« mes; quatre-vingts hommes à cheval for-
« maient la suite du Pacha, commandant
« en chef.

« L'escadre était mouillée à une demi-lieue
« dans la rade.

« Après deux heures de marche, l'avant-
« garde se trouve en présence de l'ennemi ;
« la fusillade s'engage avec les tirailleurs.

« Bonaparte arrête les colonnes, et fait
« ses dispositions d'attaque.

« Le général de brigade Destaing, avec
« ses trois bataillons , marche pour enlever
« la hauteur de la droite de l'ennemi, occu-
« pée par mille hommes. En même tems un
« piquet de cavalerie a ordre de couper ce
« corps dans sa retraite sur le village.

« La division Lannes se porte sur la mon-
« tagne de sable , à la gauche de la première
« ligne de l'ennemi, où il avait deux mille
« hommes et six pièces de canon ; deux es-
« cadrons de cavalerie ont ordre d'observer
« et de couper ce corps dans sa retraite.

« Le reste de la cavalerie marche au centre.

« La division Lanusse reste en seconde
« ligne.

« Le général Destaing marche à l'ennemi
« au pas de charge ; celui-ci abandonne ses
« retranchemens , et se retire sur le village ;
« la cavalerie sabre les fuyards.

« Le corps sur lequel marchait la division

« Lannes, voyant que la droite de sa pre-
« mière ligne est forcée de se replier, et
« que la cavalerie tourne sa position, veut
« se retirer après avoir tiré quelques coups
« de canon ; deux escadrons de cavalerie et
« un peloton de guides lui coupent la re-
« traite, et forcent à se noyer dans la mer
« ce corps de deux mille hommes : aucun
« n'évite la mort ; le commandant des guides
« à cheval, Hercule, est blessé.

« Le corps du général Destaing marche
« sur le village, centre de la seconde ligne
« de l'ennemi ; il le tourne en même tems
« que la 32e. demi-brigade l'attaque de
« front. L'ennemi fait une vive résistance ;
« sa seconde ligne détache un corps consi-
« dérable par sa gauche pour venir au se-
« cours du village : la cavalerie le charge,
« le culbute, et poursuit les fuyards, dont
« une grande partie se précipite dans la
« mer.

« Le village est emporté, l'ennemi est
« poursuivi jusqu'à la redoute, centre de
« la seconde position. Cette position était
« très-forte ; la redoute était flanquée par
« un boyau qui fermait à droite la pres-
« qu'île jusqu'à la mer. Un autre boyau se

« prolongeait sur la gauche, mais à peu de
« distance de la redoute ; le reste de l'es-
« pace était occupé par l'ennemi, qui était
« sur des mamelons de sable et dans des
« palmiers.

« Pendant que les troupes reprennent ha-
« leine, on met des canons en position au
« village le long de la mer ; on bat la droite
« de l'ennemi et sa redoute. Les bataillons
« du général Destaing formaient, au vil-
« lage qu'ils venaient d'enlever, le centre
« d'attaque en face de la redoute : ils ont
« ordre d'attaquer.

« Le général Fugières reçoit l'ordre de
« former en colonne la 18e. demi-brigade ;
« et de marcher le long de la mer, pour
« enlever au pas de charge la droite des
« Turcs. La 32e. qui occupait la gauche du
« village, a l'ordre de tenir l'ennemi en
« échec, et de soutenir la 18e.

« La cavalerie, qui formait la droite de
« l'armée, attaque l'ennemi par sa gauche ;
« elle le charge avec impétuosité à plusieurs
« reprises : elle sabre et force à se jeter
« dans la mer tout ce qui est devant elle ;
« mais elle ne pouvait rester au-delà de la
« redoute, se trouvant entre son feu et celui

« des canonnières ennemies. Emportée par
« sa valeur dans ce défilé de feux, elle se
« repliait aussitôt qu'elle avait chargé, et
« l'ennemi renvoyait de nouvelles forces sur
« les cadavres de ses premiers soldats.

« Cette obstination et ces obstacles ne font
« qu'irriter l'audace et la valeur de la cava-
« lerie ; elle s'élance et charge jusques sur
« les fossés de la redoute qu'elle dépasse :
« le chef de brigade Duvivier est tué. L'ad-
« judant-général Roize, qui dirige les mou-
« vemens avec autant de sang-froid que de
« talent, le chef de brigade des guides à
« cheval, Bessières, l'adjudant-général Le-
« turcq, sont à la tête des charges.

« L'artillerie de la cavalerie, celle des
« guides prennent position sous la mous-
« queterie ennemie, et, par le feu de mi-
« traille le plus vif, concourent puissam-
« ment au succès de la bataille.

« L'adjudant-général Leturcq juge qu'il
« faut un renfort d'infanterie ; il vient ren-
« dre compte au Général en chef, qui lui
« donne un bataillon de la 75e ; il rejoint
« la cavalerie ; son cheval est tué. Alors il
« se met à la tête de l'infanterie ; il vole du

« centre à la gauche , pour rejoindre la 18e.
« demi-brigade , qu'il voit en marche pour
« attaquer les retranchemens de la droite de
« l'ennemi.

« La 18e. marche aux retranchemens : l'en-
« nemi sort en même tems par sa droite ;
« les têtes des colonnes se battent corps à
« corps. Les Turcs cherchent à arracher les
« baïonnettes qui leur donnent la mort ; ils
« mettent le fusil en bandoulière , se battent
« au sabre et au pistolet. Enfin la 18e arrive
« jusqu'aux retranchemens ; mais le feu de
« la redoute qui flanquait du haut en bas
« le retranchement où l'ennemi s'était rallié ,
« arrête la colonne. Le général Fugières ,
« l'adjudant-général Leturcq font des pro-
« diges de valeur. Le premier reçoit une
« blessure à la tête ; il continue néanmoins
« à combattre ; un boulet lui emporte le
« bras gauche : il est forcé de suivre le mou-
« vement de la 18e, qui se retire sur le vil-
« lage dans le plus grand ordre , en fesant
« un feu très-vif. L'adjudant général Leturcq
« avait fait de vains efforts pour déterminer
« la colonne à se jeter dans les retranche-
« mens ennemis. Il s'y précipite lui-même ,

« mais il s'y trouve seul ; il y reçoit une mort
« glorieuse : le chef de brigade Morangié est
« blessé.

« Une vingtaine de braves de la 18ᵉ restent
« sur le terrain. Les Turcs, malgré le feu
« meurtrier du village, s'élancent des re-
« tranchemens pour couper la tête des morts
« et des blessés, et obtenir l'aigrette d'ar-
» gent que leur gouvernement donne à tout
« militaire qui apporte la tête d'un ennemi.

« Le Général en chef avait fait avancer un
« bataillon de la 22ᵉ légère, et un autre de
« la 69ᵉ sur la gauche de l'ennemi. Le gé-
« néral Lannes, qui était à leur tête, saisit
« le moment où les Turcs étaient imprudem-
« ment sortis de leurs retranchemens ; il fait
« attaquer la redoute de vive force par sa
« gauche et par sa gorge. La 22ᵉ et la 69ᵉ, un
« bataillon de la 75ᵉ sautent dans le fossé, et
« sont bientôt sur le parapet et dans la re-
« doute, en même tems que la 18ᵉ s'était
« élancée de nouveau au pas de charge sur
« la droite de l'ennemi.

« Le général Murat, qui commandait l'a-
« vant-garde, qui suivait tous les mouve-
« mens, et qui était constamment aux tirail-
« leurs, saisit le moment où le général Lan-

« nes lançait sur la redoute les bataillons de
« la 22ᵉ et 69ᵉ, pour ordonner à un escadron
« de charger et de traverser toutes les posi-
« tions de l'ennemi, jusque sur le fossé du
« fort. Ce mouvement est fait avec tant d'im-
« pétuosité et d'à-propos, qu'au moment où
« la redoute est forcée, cet escadron se trou-
« vait déjà pour couper à l'ennemi toute re-
« traite dans le fort. La déroute est complète;
« l'ennemi en désordre et frappé de terreur,
« trouve par-tout les baïonnettes et la mort.
« La cavalerie le sabre ; il ne croit avoir de
« ressource que dans la mer , dix mille hom-
« mes s'y précipitent ; ils y sont fusillés et mi-
« traillés. Jamais spectacle aussi terrible ne
« s'est présenté. Aucun ne se sauve ; les vais-
« seaux étaient à deux lieues dans la rade
« d'Aboukir. Mustapha Pacha, commandant
« en chef l'armée turque, est pris avec deux
« cents Turcs ; deux mille restent sur le
« champ de bataille ; toutes les tentes , tous
« les bagages , vingt pièces de canon, dont
« deux anglaises , qui avaient été données
« par la cour de Londres au Grand-Seigneur,
« restent au pouvoir des Français : deux
« canots anglais se dérobent par la fuite. Le
« fort d'Aboukir ne tire pas un coup de fu-

« sil ; tout est frappé de terreur. Il en sort
« un parlementaire qui annonce que ce fort
« est défendu par douze cents hommes. On
« leur propose de se rendre, mais les uns y
« consentent, les autres s'y opposent. La
« journée se passe en pour-parlers ; on prend
« position ; on enlève les blessés.

« Cette glorieuse journée coûte à l'armée
« française cent cinquante hommes tués et
« sept cent cinquante blessés, au nombre
« des derniers est le général Murat (1), qui
« a pris à cette victoire une part si hono-
« rable ; le chef de brigade du génie Cretin,
« officier du premier mérite, meurt de ses
« blessures, ainsi que le cit. Guibert (2),
« aide-de-camp du Général en chef.

---

(1) Il avait été blessé, d'un coup de feu, dans la
partie inférieure de la mâchoire.

(2) Le jeune Guibert était neveu de Guibert, au-
teur de la Tactique. Il avait été avec le cit. Joseph
Bonaparte à Rome. Connu du cit. Monge, il fut présenté par lui au général en chef Bonaparte. Plein
d'enthousiasme pour le favori de la victoire, Guibert
consentit à quitter la carrière diplomatique, pour
entrer dans les Guides à cheval de l'armée d'Egypte.
Il fut admis dans ce corps à Malte, et fit tout le ser-

« Dans la nuit, l'escadre ennemie commu-
« nique avec le fort. Les troupes qui y étaient
« restées se réorganisent ; le fort se défend ;
« on établit des batteries de mortiers et de
« canons pour le réduire.

« En attendant la reddition du fort, Bo-
« naparte retourne à Alexandrie, dont il
« examine la situation. On ne saurait don-
« ner trop d'éloges au général Marmont sur
« les travaux de défense de cette place, tous
« les services sont parfaitement organisés,
« et ce général a pleinement justifié la con-
« fiance que Bonaparte lui avait témoignée,
« lorsqu'il lui donna un commandement
« aussi important.

« Le 8 thermidor, le Général en chef fait

---

vice, comme simple guide, pendant la marche de l'armée jusqu'au Caire.

Son avancement devait être rapide, il le fut ; mais
Guibert passa successivement par tous les grades.
Lorsque nous étions ensemble au Caire, il était sous-
lieutenant ; Bonaparte l'employait déjà comme officier
de correspondance. Avant de commencer la campagne
de Syrie, il fut nommé aide-de-camp du Général en
chef. Autant instruit que brave, il eût parcouru bril-
lamment sa carrière, si un biscaïen ne lui eût donné
la mort.

« sommer le château d'Aboukir de se rendre.
« Le fils du pacha, son Kiaya et les officiers
« veulent capituler ; mais les soldats s'y re-
« fusent.

« Le 9, on continue le bombardement.

« Le 10, plusieurs batteries sont établies
« sur la droite et sur la gauche de l'isthme ;
« quelques chaloupes canonnières sont cou-
« lées bas ; une frégate est démâtée et for-
« cée de prendre le large.

« Le même jour, l'ennemi commençait
« à manquer de vivres. Il s'introduisit dans
« quelques maisons du village qui touche
« le fort ; le général Lannes y accourt, il est
« blessé à la jambe ; le général Menou le
« remplace dans le commandement du siége.

« Le 12, le général Davoust était de tran-
« chée ; il s'empare de toutes les maisons
« où était logé l'ennemi, et le jette ensuite
« dans le fort, après lui avoir tué beaucoup
« de monde. La vingt-deuxième demi-bri-
« gade d'infanterie légère, et le chef de bri-
« gade Magny, qui a été légèrement blessé,
« se sont parfaitement conduits : le succès
« de cette journée qui a accéléré la reddi-
« tion du fort, est dû aux bonnes disposi-
« tions du général Davoust.

« Le 15, le général Robin était de tran-
« chée ; les batteries étaient établies sur la
« contrescarpe, et les mortiers fesaient un
« feu très-vif ; le château n'était plus qu'un
« monceau de pierres. L'ennemi n'avait
« point de communication avec l'escadre ;
« il mourait de faim et de soif ; il prend le
« parti, non de capituler, ces hommes-là
« ne capitulent point, mais de jeter ses ar-
« mes, et de venir en foule embrasser les
« genoux du vainqueur. Le fils du Pacha,
« le Kiaya, et deux mille hommes ont été
« faits prisonniers. On a trouvé dans le châ-
« teau 300 blessés, et 1800 cadavres ; il
« y a des bombes qui ont tué jusqu'à six
« hommes. Dans les vingt-quatre heures de
« la sortie de la garnison Turque il est mort
« plus de 400 prisonniers, pour avoir bu
« et mangé avec trop d'avidité.

« Ainsi, cette affaire d'Aboukir coûte à
« la Porte dix-huit mille hommes, et une
« grande quantité de canons.

« Les officiers du génie Liédot et Ber-
« trand, le commandant d'artillerie Faul-
« trier, se sont comportés avec la plus
« grande distinction. L'ordre et la tran-
« quillité n'ont cessé de régner parmi les

« habitans de l'Egypte, pendant les quinze
« jours qu'a duré cette expédition, qui a
« terminé les glorieux travaux de Bonaparte
« en Egypte ».

Une remarque assez singulière, qu'on a
pu faire à la lecture de ce rapport, c'est
que c'est à la retraite de la dix-huitième que
nous devons, pour ainsi dire, le succès de
cette journée. Si cette demi-brigade ne se
fût point retirée en laissant quelques blessés
sur le champ de bataille, si les Turcs, déjà
persuadés de leur victoire, ne se fussent
pas précipités hors des retranchemens pour
couper des têtes, la charge des divisions
des généraux Lannes et Murat, n'eût point
procuré un succès aussi heureux qu'extraordinaire, lorsqu'elles sautèrent dans la ligne
que l'ennemi abandonnait si précipitamment.

Le général Murat fut promu au grade
de général de division. Bonaparte ordonna
que les noms de Murat, Roize, et les numéros des régimens de cavalerie présens à
l'affaire d'Aboukir, seraient gravés sur les
pièces de bronze anglaises, dont la Cour de
Londres avait fait don au Grand Seigneur.
Récompense noble et méritée !

Avec quels transports l'heureuse nouvelle de ce combat fut accueillie dans toute l'armée ; on s'embrassait, on se félicitait ; la joie était peinte sur toutes les physionomies, et la douce confiance avait chassé l'inquiétude.

On vit arriver au Caire Mustapha Pacha et les prisonniers Turcs. Ils étaient le gage de notre victoire, et il ne fallait pas moins que leur présence, pour persuader aux égyptiens incrédules que nous ne leur en imposions point sur l'étendue des pertes qu'avaient faites les Ottomans.

A peine Bonaparte était de retour dans la capitale, qu'il annonça le projet d'aller visiter le Delta, et de faire procéder au rétablissement des canaux négligés depuis fort long-tems. Ce voyage en cachait un plus grand. Avant de quitter Alexandrie, après l'affaire d'Aboukir, il donna ses ordres pour qu'on eût à préparer promptement les frégates qui devaient le transporter. Une lettre du contre-amiral Gantheaume que le Général en chef reçut au Caire, l'instruisit qu'on ne voyait plus les Anglais, que le moment était favorable et qu'il fallait le saisir. Depuis long-tems Bonaparte a pesé ce que sont cinq minutes pour la réussite d'un projet. Cet avis le détermina à partir sur-le-champ. Il fit avertir les citoyens Denon, Monge et Berthollet, et leurs préparatifs ne furent pas tellement secrets, qu'on ne pût en soupçonner la cause.

Tant que le Général en chef fut au Caire, on n'osait pas dire ce que l'on craignait tant, mais à peine fut-il dans le Delta qu'on ne se contraignit plus. Soit que le général Dugua fût dans la confidence, ou que de bonne foi il ne voulût point se persuader la vérité des conjectures tirées de plusieurs circonstances, il affecta un grand mécontentement, et déclara qu'il punirait celui qui avancerait que le Général en chef devait partir pour la France.

Du Delta, Bonaparte adressa à l'armée plusieurs ordres du jour; les nouvelles fréquentes que nous eûmes de lui calmèrent d'abord les inquiétudes, et nous apprîmes tout-à-la-fois, son arrivée à Alexandrie, son embarquement et son départ. La confirmation de cet événement nous consterna. Habitués à voir ce chef favori de la fortune, nous avions déposé sur sa tête nos destinées individuelles. Nous n'apercevions aucun moyen de sortir d'Egypte, mais nous étions persuadés que Bonaparte en avait mille. Notre confiance était telle en lui, que nous nous crûmes destinés à mourir en Afrique, lorsque nous apprîmes qu'il avait fait voile d'Alexandrie. Telle fut la première impression que fit sur l'armée le départ du Général en chef. Il fallut bien ensuite se rendre compte des motifs de ce départ si secret, si précipité. De grands intérêts seuls pouvaient avoir déterminé Bonaparte à quitter son armée. Nous nous arrêtâmes sur la situation malheureuse de notre pays. L'espoir d'un changement salutaire dans le gouvernement nous fit entrevoir pour notre patrie un calme si nécessaire après les tempêtes révolutionnaires. Convaincus, comme nous l'étions, que Bonaparte était vivement attaché à sa conquête, nous nous répétions sans cesse qu'il chercherait tous les moyens de la conserver. Ce rayon d'un avenir plus heureux rappelait la tranquillité ; le nom de Kléber nous la rendit entièrement. Il reçut le commandement ; il en était digne, et l'on comptait dans notre armée plusieurs généraux, dont chacun était capable d'en être le chef,

tant par ses talens militaires que par son dévouement.

Bonaparte, avant de quitter Alexandrie,
en nommant tous les officiers qui allaient
l'accompagner, et se rappelant leur bonheur, leur dit : «Oui, nous arriverons....
« la fortune ne nous a jamais abandonnés;
« nous arriverons en dépit des anglais».

Les deux frégates françaises arrivèrent à
Ajaccio en Corse, sans rien rencontrer. Devant Fréjus seulement elles découvrirent
des voiles ennemies; le contre-amiral Gantheaume voulut faire virer de bord pour
retourner en Corse : « Non, non, s'écria Bo-
« naparte, cette manœuvre nous conduirait
« en Angleterre....., et je veux arriver en
« France». Et Fréjus reçut dans son port
le restaurateur de notre patrie.

~~~~~~

CHAPITRE III.

Kléber. Convention d'El-A'rych.

La défaite des Ottomans à Aboukir devait nous faire espérer que nous jouirions de quelque repos pendant un certain tems.

N'ayant plus d'ennemis intérieurs à repousser, Kléber s'occupa de tout ce qui pouvait contribuer au bien-être de l'armée. Il lui fit faire un nouvel habillement. Elle fut vêtue de draps de différentes couleurs. Cette diversité n'était point désagréable à l'œil.

Kléber était grand et bel homme. Il avait une tournure militaire imposante. Il voulut désormais que les habitans du pays lui rendissent les honneurs qu'ils décernaient aux Beys, au Pacha. Bonaparte ne développait point un grand appareil lorsqu'il passait dans le Caire, à moins que ce ne fût dans les cérémonies. Il ne se fesait accompagner que par ses généraux et ses guides. Par la suite il avait deux domestiques Egyp-
~~~~~~

tiens portant des jérides ou des piques ; ils couraient à côté de son cheval, et l'un tenait la bride, l'autre l'étrier lorsqu'il en descendait.

Kléber se fit précéder, à la mode du pays, par deux rangées de bâtonniers qui, frappant la terre de leurs longs bâtons, criaient devant lui en arabe : voilà le Général en chef, Musulmans, prosternez-vous ; je crois que telle était la formule. Les habitans se rangeaient pour lui laisser la voie libre ; ceux qui étaient montés sur des ânes ou mulets en descendaient, et tous s'inclinant, portant leurs mains sur leurs cœurs, fesaient le salut d'usage. Souvent aussi Kléber était accompagné par l'aga des Janissaires, les Cheikhs de la ville ou les membres du Divan.

Après le départ du général Murat avec Bonaparte, le général Davoust prit le commandement de la cavalerie. J'en restai le commissaire des guerres, et comme elle occupait Boulac, j'y pris un logement aussi. La maison que j'habitais était absolument baignée par le Nil dans sa crue, et de mon lit, en levant un peu la tête, je pouvais contempler à mon réveil les pyramides majestueuses de Gizêh.

Cette tranquillité, sur laquelle nous comptions tant, fut bientôt troublée par les avis de nouveaux rassemblemens qui se formaient en Syrie. Cependant ces avis, donnés en grande partie par des arabes, devaient paraître au moins très-exagérés si l'on pouvait les croire fondés. Ils commandaient la vigilance mais non des dispositions hostiles.

Pendant le repos momentané dont nous pûmes jouir, on célébra avec une grande pompe, dans la plaine de la ferme d'Ibrahim-Bey, le 1er vendémiaire de l'an 8. Kléber y prononça un discours ; et par des exercices à feu, l'enlèvement d'un ballon qui brûla au-dessus de la ville, quelques fusées volantes, on fêta le premier jour d'une année bien remarquable dans les fastes de notre révolution.

Quoique les Français fussent extrêmement fatigués de leur séjour en Egypte, que toute l'armée, excepté quelques individus peut-être, annonçât hautement le vif desir de revoir la France, nous devions nous croire destinés à vivre encore long-tems en Afrique.

Néanmoins en calculant les pertes que nous fesions tous les jours, par la peste qui exerçait ses ravages à Alexandrie, par les assassinats souvent répétés, les combats partiels très-fréquens, on pouvait prévoir le moment encore éloigné, il est vrai, où l'armée devait prendre le parti de traiter honorablement avec les Anglais pour son évacuation, et celui, où extrêmement affaiblie, elle serait obligée d'abandonner la Haute Égypte pour se réunir, et par suite peut-être de capituler d'une manière moins avantageuse. Kléber ne recevait point de nouvelles de France ; il desirait peut-être de quitter l'Egypte, et pensait qu'aux yeux du Directoire le vœu de l'armée excuserait facilement la résolution qu'il allait prendre d'entamer des négociations pour son retour.

Les Ottomans venaient d'être détruits à Aboukir : les Anglais firent faire par leurs alliés un nouveau débarquement à Damiette dans le mois de brumaire ; il n'eut pas plus de succès que celui fait en thermidor an 7, et après une résistance très-vive, les janissaires furent entièrement battus. Le général Verdier commandait à ce combat.

Pendant que les Anglais échouaient conti-

nuellement dans leurs entreprises, qu'ils fesaient ainsi massacrer les troupes du Grand-
Seigneur, l'Orient fesait avancer contre
l'Egypte une armée considérable, composée
d'un ramas d'individus de toutes les nations,
de toutes les couleurs. Le Grand-Visir était
à la tête de ces nombreuses cohortes, marchant sans ordre, sans discipline, pillant et
ravageant le pays qu'elles traversaient. Ces
préparatifs obligèrent Kléber à prendre des
mesures pour repousser et battre l'ennemi
qui nous menaçait. Nous ignorions toujours
si Bonaparte, trompant les croisières anglaises, avait eu le bonheur d'arriver en
France. Devions-nous espérer que notre
marine, peu fortunée, pourrait nous amener des secours? L'époque dont il avait été
fait mention pour leur arrivée, approchait,
et rien ne paraissait. Kléber, assuré de
plaire à la grande majorité de l'armée en
la ramenant dans sa patrie, devait présumer encore que le Directoire verrait avec
plaisir arriver un renfort de troupes, qui,
dans la situation malheureuse de nos différentes armées, battues presque sur tous les
points, pouvait contribuer à rappeler la
victoire. Il tenta donc des négociations, et

Desaix, le citoyen Poussielgue, se rendirent avec des pouvoirs auprès du commodore Sidney Smith, qui croisait sur les côtes d'Egypte et de Syrie. Les plénipotentiaires français débarquèrent à Jaffa avec celui de de sa Majesté Britannique, et se rendirent ensemble au camp du Grand-Visir à Ghazah. Ceci se passa en frimaire ; les discussions eurent lieu pendant le courant de nivose.

Les Turcs néanmoins s'approchaient d'El-A'rych ; ils en firent le siége, et s'en emparèrent en nivose au moment où la garnison était occupée à parlementer. On m'a assuré que les Anglais ne purent empêcher les Turcs d'exercer la coutume affreuse qu'ils conservent de couper la tête à leurs ennemis. Les conférences eurent lieu alors au camp d'El-A'rych.

Kléber, de son côté, avait réuni son armée. Elle était vêtue à neuf, dans un bon état, résultat de quelques momens d'inaction : elle s'établit à Saléhieh, dont les magasins étaient bien approvisionnés. Cathiêh était toujours occupé par nos troupes. D'El-A'rych à Saléhieh, les communications étaient faciles ; tout nous fit espérer que bientôt la convention pour l'évacuation aurait lieu , à la satisfaction des parties contractantes.

Le Général en chef, avant de traiter, avait fait partir d'Alexandrie un bâtiment chargé de dépêches pour le Directoire. Il fut rencontré par les Anglais ; la personne porteur des lettres du Général en chef, les jeta à la mer. On m'a rapporté que le boulet, perçant l'enveloppe qui renfermait les paquets, les laissa surnager ; les Anglais s'en emparèrent. Probablement le bâtiment qui fit cette capture, n'était point de la croisière d'Egypte : il la transmit à l'amiral Keith, commandant les forces britanniques dans la Méditerranée. Kléber, dans ses dépêches, peignait la situation de l'armée avec des couleurs très-fortes. Peut-être voulait-il ainsi faire regarder la convention d'El-A'rych comme une chose indispensable au salut des troupes françaises. L'amiral Keith s'empressa de communiquer sur-le-champ à sa cour les dépêches qui lui avaient été apportées.

Pendant que ceci se passait , les négociations entamées avec le Grand-Visir et le commodore Sidney Smith , se terminèrent entièrement.

Voici la convention telle qu'elle fut signée à El-A'rych le 4 pluviose an 8.

CONVENTION

Pour l'évacuation de l'Egypte , passée entre les citoyens Desaix , général de division , et Poussielgue , administrateur général des Finances , plénipotentiaires du Général en chef.

Et leurs Excellences Moussttafa - Rachyd , Effendi Defterdar , et Moussttafa - Rasychéh , Effendi Reys-ul-Kouttab , ministres plénipotentiaires de son altesse le suprême Visir.

L'armée française en Egypte , voulant donner une preuve de ses desirs d'arrêter l'effusion du sang et de voir cesser les malheureuses querelles survenues entre la République française et la Sublime Porte , consent à évacuer l'Egypte , d'après les dispositions de la présente convention , espérant que cette concession pourra être un acheminement à la pacification générale de l'Europe.

ARTICLE Ier.

L'armée française se retirera avec armes, bagages et effets, sur Alexandrie, Rosette et Aboukir, pour y être embarquée et transportée en France, tant sur ses bâtimens que sur ceux qu'il sera nécessaire que la Sublime Porte lui fournisse ; et pour que lesdits bâtimens puissent être promptement préparés, il est convenu qu'un mois après la ratification de la présente, il sera envoyé au château d'Alexandrie un commissaire avec cinquante personnes de la part de la Sublime Porte.

ARTICLE II.

Il y aura une armistice de trois mois en Egypte, à compter du jour de la signature de la présente convention, et cependant dans le cas où la trève expirerait avant que lesdits bâtimens à fournir par la Sublime Porte fussent prêts, ladite trève sera prolongée jusqu'à ce que l'embarquement puisse être complétement effectué, bien entendu que, de part et d'autre, on emploiera tous les moyens possibles pour que la tranquillité de l'armée et des habitans, dont la trève est l'objet, ne soit point troublée.

ARTICLE III.

Le transport de l'armée française aura lieu d'après le règlement des commissaires nommés à cet effet par la Sublime Porte, et par le général en chef Kléber ; et si lors de l'embarquement il survenait quelques discussions entre lesdits commissaires sur cet objet, il en sera nommé un par M. le commodore Sidney-Smith, qui décidera les différends d'après les règlemens maritimes de l'Angleterre.

ARTICLE IV.

Les places de Cathiéh et Saléhieh seront évacuées par les troupes françaises le huitième jour, ou au plus tard le dixième jour après la ratification de la présente convention. La ville de Mansourah sera évacuée le quinzième jour, Damiette et Belbeis le vingtième jour ; Suez sera évacué six jours avant le Caire ; les autres places situées sur la rive orientale du Nil seront évacuées le dixième jour ; le Delta sera évacué quinze jours après l'évacuation du Caire. La rive occidentale du Nil et ses dépendances resteront entre les mains des Français jusqu'à l'évacuation du Caire ; et cependant comme elles doivent être occupées par l'armée française jusqu'à ce que toutes les troupes soient descendues de la Haute-Egypte, ladite rive occidentale et ses dépendances pourront n'être évacuées qu'à l'expiration de la trève, s'il est impossible de les évacuer plutôt. Les places évacuées par l'armée seront remises à la Sublime Porte dans l'état où elles se trouvent actuellement.

Article V.

La ville du Caire sera évacuée dans le délai de quarante jours, si cela est possible, et au plus tard dans quarante - cinq jours, à compter du jour de la ratification de la présente.

Article VI.

Il est expressément convenu que la Sublime Porte apportera tous ses soins pour

que les troupes françaises des diverses places
de la rive occidentale du Nil, qui se replie-
ront avec armes et bagages vers leur quartier-général, ne soient, pendant leur route,
inquiétées ni molestées dans leurs personnes,
bien et honneur, soit de la part des habitans de l'Egypte, soit par les troupes de
l'armée impériale ottomane.

ARTICLE VII.

En conséquence de l'article ci-dessus, et
pour prévenir toute dissention et hostilité,
il sera pris des mesures pour que les troupes turques soient toujours suffisamment
éloignées des troupes françaises.

ARTICLE VIII.

Aussitôt après la ratification de la présente convention, tous les Turcs et autres
nations sans distinction, sujets de la Sublime Porte, détenus ou retenus en France,
ou au pouvoir des Français en Egypte, seront mis en liberté; et réciproquement tous
les Français détenus dans toutes les villes
et échelles de l'Empire Ottoman, ainsi que

toutes les personnes de quelque nation
qu'elles soient, attachées aux légations et consulat français seront mis en liberté.

Article IX.

La restitution des biens et des propriétés
des habitans et des sujets de part et d'autre,
ou le remboursement de leur valeur aux
propriétaires, commencera immédiatement
après l'évacuation de l'Egypte, et sera ré-
glée à Constantinople par des commissaires
nommés respectivement pour cet objet.

Article X.

Aucun habitant de l'Egypte, de quelque
religion qu'il soit, ne sera inquiété, ni dans
sa personne, ni dans ses biens, pour les
liaisons qu'il pourra avoir eues avec les Français, pendant leur occupation de l'Egypte.

Article XI.

Il sera délivré à l'armée française, tant
de la part de la Sublime Porte, que des cours
ses alliées, c'est-à-dire celles de la Grande-

Bretagne et de Russie, les passe-ports, sauf-conduits et convois nécessaires pour assurer son retour en France.

ARTICLE XII.

Lorsque l'armée française d'Egypte sera embarquée, la Sublime Porte, ainsi que ses alliés, promettent que jusqu'à son retour sur le continent de la France, elle ne sera nullement inquiétée ; comme, de son côté, le général en chef Kléber et l'armée française en Egypte, promettent de ne commettre aucune hostilité pendant ledit tems, ni contre les flottes, ni contre les pays de la Sublime Porte et de ses alliés, et que les bâtimens qui transporteront ladite armée, ne s'arrêteront à aucune autre côte que celle de la France, à moins de nécessité absolue.

ARTICLE XIII.

En conséquence de la trève de trois mois stipulée ci-dessus avec l'armée française, pour l'évacuation de l'Egypte, les parties contractantes conviennent que si, dans l'intervalle de ladite trève, quelques bâtimens de France, à l'insçu des commandans des flottes alliées, entraient dans le port d'Alexandrie, ils en partiront après avoir pris l'eau et les vivres nécessaires, et retourneront en France munis de passe-ports des cours alliées; et dans le cas où quelques-uns desdits bâtimens auraient besoin de réparations, ceux-là seuls pourront rester, jusqu'à ce que lesdites réparations soient achevées, et partiront aussitôt après pour France, comme les précédents par le premier vent favorable.

Article XIV.

Le général en chef Kléber pourra envoyer sur-le-champ en France un aviso, auquel il sera donné les sauf-conduits nécessaires pour que ledit aviso puisse prévenir le gouvernement français de l'évacuation de l'Egypte.

Article XV.

Etant reconnu que l'armée française a besoin de subsistances journalières pendant les trois mois dans lesquels elle doit évacuer l'Egypte, et pour les trois autres mois, à compter du jour où elle sera embarquée, il est convenu qu'il lui sera fourni les quantités nécessaires de bled , viande , riz , orge et paille , suivant l'état qui en est présentement remis par les plénipotentiaires français , tant pour le séjour que pour le voyage. Celles desdites quantités que l'armée aura retirées de ses magasins , après la ratification de la présente , seront déduites de celles à fournir par la Sublime porte.

ARTICLE XVI.

A compter du jour de la ratification de la présente convention , l'armée française ne prélèvera aucune contribution quelconque en Egypte , mais au contraire elle abandonnera à la Sublime Porte les contributions ordinaires exigibles qui lui resteraient à lever jusqu'à son départ , ainsi que les chameaux, dromadaires , munitions , canons et autres objets lui appartenans , qu'elle ne jugera pas à propos d'emporter, ainsi que les magasins de grains provenant des contributions déjà levées , et enfin les magasins de vivres ; ces objets seront examinés et évalués par des commissaires envoyés en Egypte à cet effet par la Sublime Porte et par le commandant des forces britanniques, conjointement avec les préposés du général en chef Kléber, et reçus par les premiers au taux de l'évaluation ainsi faite jusqu'à la concurrence de trois mille bourses, qui seront nécessaires à l'armée française pour accélérer ses mouvemens et son embarquement ; et si les objets ci-dessus désignés ne produisaient pas cette somme, le déficit sera avancé par la sublime porte, à titre de prêt, qui sera remboursé par le gouvernement français, sur les billets des commissaires préposés par le général en chef Kléber pour recevoir ladite somme.

Art. XVII.

L'armée française ayant des frais à faire pour évacuer l'Egypte, elle recevra, après la ratification de la présente convention, la somme ci-dessus stipulée dans l'ordre suivant,

Savoir :

Le quinzième jour, cinq cents bourses.
Le trentième jour, cinq cents autres bourses.

Le quarantième jour, trois cents autres bourses.

Le cinquantième jour, trois cents autres bourses.

Le soixantième jour, trois cents autres bourses.

Le soixante-dixième jour, trois cents autres bourses.

Le quatre-vingtième jour, trois cents autres bourses.

Et enfin le quatre-vingt-dixième jour, cinq cents autres bourses.

Toutes lesdites bourses de cinq cents piastres turques chacune, lesquelles seront reçues en prêt des personnes commises à cet effet par la Sublime Porte ; et pour faciliter l'exécution desdites dispositions, la Sublime Porte enverra immédiatement après l'échange des ratifications, des commissaires dans la ville du Caire et dans les autres villes occupées par l'armée.

ARTICLE XVIII.

Les contributions que les Français pourraient avoir perçues après la date de la ratification et avant la notification de la pré-

sente convention , dans les divers points
de l'Egypte , seront déduites sur le montant
des trois mille bourses ci-dessus stipulées.

ARTICLE XIX.

Pour faciliter et accélérer l'évacuation des
places , la navigation des bâtimens français
de transport qui se trouveront dans les ports
de l'Egypte , sera libre pendant les trois mois
de trève , depuis Damiette et Rosette jusqu'à Alexandrie , et d'Alexandrie à Rosette
et Damiette.

ARTICLE XX.

La sûreté de l'Europe exigeant les plus
grandes précautions : pour empêcher que
la contagion de la peste n'y soit transportée ,
aucune personne malade ou soupçonnée
d'être attaquée de cette maladie ne sera
embarquée; mais les malades pour cause
de peste , ou pour toute autre maladie qui
ne permettrait pas leur transport dans le
délai convenu pour l'évacuation , demeu-
reront dans les hôpitaux où ils se trouveront,
sous la sauve - garde de son altesse le Su-

prême Visir, et seront soignés par des officiers de santé français qui resteront auprès
d'eux jusqu'à ce que leur guérison leur per-
mette de partir, ce qui aura lieu le plutôt
possible ; et les articles 11 et 12 de cette
convention leur seront appliqués comme au
reste de l'armée ; et le commandant en chef
de l'armée française s'engage à donner les
ordres les plus stricts aux différens officiers
commandant les troupes embarquées, de ne
pas permettre que les bâtimens les débar-
quent dans d'autres ports que ceux qui seront indiqués par les officiers de santé,
comme offrant les plus grandes facilités pour
faire la quarantaine usitée et nécessaire.

ARTICLE XXI.

Toutes les difficultés qui pourraient s'é-
lever, et qui ne seraient pas prévues par la
présente convention, seront terminées à l'a-
miable entre les commissaires désignés à cet
effet par son altesse le Suprême Visir et par
le Général en chef Kléber, de manière à
faciliter et accélérer l'évacuation.

ARTICLE XXII.

Le présent ne sera valable qu'après les ratifications respectives, lesquelles devront être échangées dans le délai de huit jours, ensuite de laquelle ratification la présente convention sera religieusement observée de part et d'autre.

Fait, signé et scellé de nos sceaux respectifs, au camp des conférences près d'El-A'rych, le 4 pluviose an 8 de la république française, (24 janvier 1800 vieux style), et le 28 de la lune de Chaaban , l'an de l'égire 1214.

Signés, le général de division DESAIX ; le citoyen POUSSIELGUE, plénipotentiaires du général Kléber , et leurs excellences MOUS-STTAFA-RACHYD, effendy Defterdar, et MOUS-STTAFA-RASYCHÉH , reys ul-kouttab , plénipotentiaires de son Altesse le suprême Visir.

Pour copie conforme à l'expédition française remise aux ministres Turcs en échange de leur expédition en turc. Signés DESAIX et POUSSIELGUE.

RATIFICATION

Du Général en chef mise au bas du texte turc resté entre les mains du Grand Visir.

JE soussigné, Général en chef, commandant l'armée française en Egypte, approuve et ratifie les conditions du traité ci-dessus, pour avoir leur exécution en leur forme et teneur : devant croire que les vingt-deux articles y relatés sont entièrement conformes à la traduction française, signée par les plénipotentiaires du Grand-Visir, et ratifiée par son altesse ; traduction dont le sens sera constamment suivi chaque fois qu'à cet égard, et pour raison de quelques variantes, il pourrait s'élever des difficultés.

Au quartier général de Salêhieh, le 8 pluviose de la République. Signé KLÉBER.

Pour copie conforme,

Le général de division, chef de l'état-major-général. Signé DAMAS.

Aussitôt la convention signée, le commodore Sidney-Smith l'expédia à sa Cour.

Les journaux français et italiens , que nos plénipotentiaires nous firent passer , ne parlaient point encore de l'arrivée de Bonaparte ; les nouvelles de nos armées n'étaient point satisfesantes.

L'espoir de partir bientôt pour France flattait nos esprits ; la joie se peignait sur toutes les physionomies. A peine eûmes-nous connaissance de la fin des discussions, que nous formâmes mille projets sur notre départ. Je ne fus pas le dernier à penser au bonheur de revoir ma famille , tout ce que je regrettais journellement.

J'avais suivi l'armée à Salêhieh avec la division de cavalerie. L'ordonnateur en chef, avec cette activité que Bonaparte savait bien apprécier, était continuellement en course. Il n'était point au camp lorsque nous apprîmes que la convention était ratifiée par Kléber. En revenant au Caire je comptais le rencontrer, et je lui avais écrit en peu de mots : « qu'il devait mettre le comble à ses bontés « pour moi , en consentant que je montasse « le même bâtiment que lui à notre retour « en France ». L'ordonnateur Daure , avec cette affabilité qui le fait tant aimer, me répondit : « qu'il ne pouvait rien me refuser ». Je le quittai, bien loin de songer à la douce surprise qu'il me préparait.

Je rencontrai également dans ce voyage le Pacha pris au combat d'Aboukir. Il fesait sa route dans la voiture du Général en chef, avec une suite considérable. Il se rendait au camp du Grand-Visir en exécution de l'article 8 de la convention.

L'ordonnateur Michaux revint presqu'en même tems que moi au Caire ; il me fit appeler, et après m'avoir tourmenté gaiement sur ce qu'il avait à m'apprendre, il me remit une lettre de l'ordonnateur en chef qui me désignait pour partir sur-le-champ.... pour France. L'étonnement me saisit d'abord, mais lorsque je me fus assuré que cette nouvelle était vraie, je sautai au cou de l'ordonnateur Michaux, et fit mille extravagances. Et je devais faire le voyage avec Desaix.... Desaix ! l'homme auquel personne n'a pu refuser de l'admiration et de l'estime, avec mes amis, l'ordonnateur Michaux et mon camarade Senneville. Quel bonheur ! que d'idées se choquaient continuellement dans ma tête. Ah ! ce jour fut le plus heureux de ma vie. Par réflexion il manquait à mon entière satisfaction de voir mon ordonnateur en chef être du voyage. En retraçant cette époque fortunée, vers laquelle je volais avec ardeur, ma plume ne court point assez vîte pour écrire tous les mots que mon cœur lui dicte. J'ai encore de la peine à me remettre de l'émotion que me cause ce souvenir. Aimable Daure, que je puis appeler mon bienfaiteur (quel bien plus grand pouvait-il me faire!), je vous dois le plus bel instant de ma vie peut-être.... Je ne l'oublierai jamais cette faveur si grande, elle vous a acquis un attachement aussi durable que mes jours, et il n'y a que mon dévouement qui puisse égaler ma reconnaissance.

J'aime à finir ce chapitre ici, je suis trop ému pour continuer ce qu'il me reste à dire.

CHAPITRE IV.

Desaix. Départ pour France.

KLÉBER, son état-major et l'ordonnateur en chef quittèrent bientôt Salêhieh. Aussitôt que je sus leur arrivée au Caire, je m'empressai de me rendre chez le citoyen Daure. Lorsque je le vis, je ne sus comment le remercier, et lorsqu'il me demanda si j'étais content, je ne sus comment lui exprimer ma joie mêlée de regrets de le quitter. Le Général en chef avait donné l'ordre qu'on envoyât avec Desaix, qui portait en France la convention d'El-A'rych, un commissaire ordonnateur et deux commissaires des guerres. Desaix affectionnait beaucoup mon camarade Senneville, qui, depuis que le citoyen Daure avait été nommé commissaire ordonnateur en chef, avait fait le service de la division de la Haute Egypte. Il ne restait donc plus qu'un commissaire des guerres à choisir, et je fus désigné. Mon

ordonnateur , daigna même me recomman-
der à Desaix , dont j'ambitionnais beaucoup
de captiver l'attachement. L'estime d'un
homme distingué est la plus douce émulation pour un jeune homme.

La nouvelle du traité avec le Grand
Visir , se répandit bientôt dans toute l'E-
gypte. Les officiers vendaient leurs chevaux ; chacun cherchait à rassembler un
peu d'argent , afin de se procurer les choses
indispensables pour la route. J'étais , moi ,
si peu à mon aise , que l'habit le plus beau
de ma garde-robe était celui que m'avait
donné mon ordonnateur en chef , et comme
j'étais un peu plus grand que lui , j'avais
été obligé de faire alonger cet uniforme ,
au moyen de quelques pouces d'un drap
bleu , qui n'était pas tout-à-fait de la même
couleur. Nous étions peu sensibles aux *bar-
barismes* de nos toilettes. A qui aurions-
nous desiré de plaire ? Les hommes entre
eux ne s'arrêtaient point à considérer l'extérieur ; pour les femmes , les noires nous
les achetions aux bazards , et les blanches
nous étaient amenées moyennant une certaine rétribution. Ces dernières délaissées au
Caire par les Mamlouks , lors de leur fuite

dans la Haute Egypte et en Syrie, se trouvaient contraintes pour exister de se pros-
tituer aux Français.

J'avais donc fort peu d'argent, mais cette
circonstance ne me semblait point être une
difficulté pour mon voyage. J'étais sans inquiétude. Avant notre départ, le Général
en chef me fit payer quelques mois de mes
appointemens, ce qui me mit à même de
donner ma part des fonds nécessaires à l'a-
chat des provisions.

Les généraux Davoust et Dugua devaient
quitter l'Egypte avec nous.

Les articles stipulés dans la convention
faite à el-A'rych, s'exécutaient avec fidélité.
Nos troupes avaient évacué Cathieh et successivement Salêhieh. Les commissaires désignés par le Grand-Visir s'étaient rendus
au Caire. Les parties contractantes mon-
traient également le desir de remplir leur
engagement. On peut se rappeler que pendant ce tems, le cabinet de Londres prenait connaissance des dépêches interceptées
du Général en chef. Assuré par leur contenu que notre position était désespérée, il
expédia de nouvelles instructions à l'amiral
Keith. Elles portaient en substance que,

puisque notre armée était ainsi réduite, on ne devait consentir à son évacuation, vu sa situation critique, qu'autant qu'elle se rendrait prisonnière de guerre. Le commodore Sidney Smith appréciait mieux l'avantage de nous faire abandonner si facilement notre conquète, et il était bien persuadé que si l'armée le voulait, elle pouvait encore, commandée par un général habile, se conserver long-tems en Egypte. Les Anglais durent se repentir par la suite de la promptitude et de l'extravagance des ordres qu'ils donnèrent à cet effet, et le commodore Smith dut être sensiblement affecté de voir détruire en un moment les résultats heureux d'une négociation qu'il avait conduite à la satisfaction des deux armées. Dès cet instant l'on peut envisager combien l'évacuation déjà commencée, aurait épargné de nouvelles victimes, et accéléré peut-être la conclusion des préliminaires de paix entre la République et l'Angleterre.

Enfin, le 1er ou le 2 ventose, je partis de Boulak avec les généraux Desaix, Davoust et Dugua. Nous nous embarquâmes sur plusieurs djermes. Nous avions avec nous près de deux cents soldats blessés et estropiés de différens corps de l'armée. Ils devaient passer en France et servir en même tems de garnison sur nos bords.

L'ordonnateur en chef nous avait accompagnés jusques sur le rivage ; nous l'embrassâmes tous, et nos voiles se déplièrent. Je ne sais pourquoi le silence regna d'abord parmi nous. Rien ne nous attachait au Caire , et cependant nous ne voyions pas disparaître ses hauts minarets et ceux de Boulak , sans éprouver une impression de tristesse. Je perdis bientôt de vue ma maison , et je lui dis adieu pour toujours.

Desaix né à Ayat en Auvergne , était dans sa trente-troisième année , et depuis long-tems déjà son nom était célèbre chez les Français , respecté et estimé chez les Autrichiens. On ne pourra jamais joindre plus de modestie à plus de talent , plus de douceur à plus de fermeté dans le caractère , plus de sang-froid dans les plus grands dangers. Observateur instruit , tout lui semblait mériter son attention.

Deux anecdotes qui me furent rapportées serviront à donner une idée de sa douceur et de sa bonté.

Desaix en Egypte ne se mettait jamais en

uniforme, il était vêtu d'une simple re-
dingotte bleue, et portait un petit chapeau
sans galon ; si son extérieur ne le fesait pas
toujours reconnaître des soldats, il lui donnait la facilité de voir, sans être remarqué,
et c'est ainsi qu'au milieu de sa division il
pouvait en connaître la façon de penser.

Lorsqu'il partit de Gizèh, pour suivre
Mourad-Bey dans la Haute-Egypte, il se fit
faire, une après-midi, dans un de ces jardins d'orangers, de bannaniers, de datiers
que l'on trouve assez souvent, un abri contre le soleil ; il s'y coucha pour se reposer.
Ses aides-de-camp étaient éloignés de lui et
remplissaient probablement quelques ordres qu'il leur avait donnés ; un grenadier
voyant le général étendu au frais et de la
place auprès de lui, se mit à ses côtés, et
pour mieux se délasser, ôta sa cravatte,
ses guêtres, sans dire un mot à son camarade si complaisant : il allait s'endormir
lorsqu'un des aides-de-camp s'adressa à Desaix, en l'appelant mon général. Qui fut
fort étonné ? notre grenadier, qui, ne sachant comment s'excuser, très-honteux de
sa méprise et de la bonté de son général,
se retira promptement à la sommation de

l'aide-de-camp, qui ne fut pas moins surpris de voir un soldat couché auprès de Desaix.

Dans une autre circonstance il ne démentit point cette douceur. Il se baignait seul dans le Nil. La troupe bivouaquée sur son bord venait y remplir ses bidons, et pour avoir de l'eau plus propre, priait le général d'en puiser un peu plus au large. Desaix prenait les bidons, et les rapportait ensuite. Il fit plusieurs fois ce manège, et les soldats étaient fâchés, embarrassés, quand ils apprenaient que c'était leur général qui leur avait rendu ces petits services.

On remarqua à l'affaire importante, donnée dans la plaine de Sédimann, que Desaix, pendant le combat, tout en ordonnant les mouvemens et les feux de sa division, tenait dans sa main *un chasse-mouche*, dont il s'éventait continuellement.

Nous descendîmes le Nil paisiblement; quelquefois lorsque le vent du nord retardait notre marche, nous sortions de nos djermes, et fesions la route à pied.

Le plaisir de retourner en France, l'assurance de faire une traversée sans crainte de mauvaise rencontre, puisque nous partions en exécution de l'article 14 de la convention , munis de passe-ports du Grand-Visir et du commodore Sidney-Smith qui , pour plus de sûreté encore nous avait donné un officier anglais pour nous accompagner , fesaient naître une franche gaîté parmi nous , et les plaisanteries , les bons mots , les plus risibles discussions annonçaient la joie que nous ressentions.

Après quelques jours nous arrivâmes à Rosette , sans qu'aucun accident eût troublé notre charmant voyage. Nous campâmes sur la petite île qui sépare les deux branches du Nil , et là , Desaix nous quitta pour aller par terre à Alexandrie , nos marins nous ayant déclaré que le vent contraire durerait au moins deux jours. La mer était d'ailleurs trop forte ; il n'était point possible de s'exposer au passage du Boghaze , dangereux lorsque les vagues s'élèvent sur les sables qui obstruent l'embouchure du Nil.

Le surlendemain de notre arrivée à Rosette , nous mîmes à la voile , et sortîmes heureusement du fleuve. Nous voguâmes vers Alexandrie , dépassâmes les rochers d'Aboukir, et découvrîmes bientôt le *Thesée* qui était encore en croisière devant le port ,

mais qui ne gênait point les communications entièrement rétablies par la convention. Nous n'étions qu'à deux lieues du port,
quand le vent vint à sauter à l'Ouest, et
fraîchir considérablement. Les djermes ne
sont point des bâtimens pontés; il fallut
virer de bord et mouiller à Aboukir. Nous
y trouvâmes plusieurs barques, qui, comme
nous, s'y étaient abritées. C'étaient celles
du général Dugua. Nous descendîmes à
terre.

A peine y étions-nous, que nous aperçûmes un bâtiment courant sous ses voiles
basses, et n'osant trop s'approcher du fort.
Après une manœuvre qui indiquait son in-
décision, il mouilla loin de nous dans la
rade. Nos pavillons flottaient à la poupe de
nos djermes, et l'*Osiris*, rassuré, hissa le
sien. Une chaloupe s'en détacha; elle était
remplie de matelots qui venaient nous reconnaître et prendre avis sur les Anglais.
Nous attendions le canot avec impatience ;
enfin il aborde. Un matelot provençal saute
à terre, et s'écrie dans son patois : Trou-
didiou, Bonaparte il est le premier Consul
de France.

C'est à Aboukir, sur le champ couvert

encore des cadavres et des dépouilles des Ottomans, sur le champ où Bonaparte avait conquis une seconde fois l'Egypte, que nous apprîmes la nouvelle de l'événement mémorable de la révolution du 18 brumaire.

Nous accablions les matelots de cent mille questions à-la-fois; tous nous répondaient avec vivacité : il a sauvé la France, il a fait la paix, battu les Autrichiens, il va vous envoyer des secours; il n'y a plus de directoire, il y a un tribunat, un sénat.... Les réponses se ressentaient du désordre des demandes.

Le premier canotier, interrogé avec plus de sang-froid par le général Dugua, lui répondit que l'*Osiris* avait à son bord le chef de brigade Latour, chargé de dépêches pour le Général en chef. Le général Dugua donna de suite l'ordre au canot de retourner à bord et d'amener cet officier. Le chef de brigade Latour arriva bientôt avec des paquets et des journaux. Il entra dans la tente du général Dugua; nous l'entourâmes dans le plus grand silence, et il nous raconta, à notre grand étonnement, la révolution du 18 brumaire.

Bonaparte avait effectivement renversé le

directoire ; la constitution française était établie sur de nouvelles bases ; nous avions trois consuls, un sénat, un tribunat, un corps législatif ; le général Berthier était ministre de la guerre, et je vis avec ravissement que mon frère, dont j'ignorais la destinée depuis deux ans, avait été appelé de Hollande à Paris, et qu'il était secrétaire-général du ministère de la guerre.

Bonaparte, dès le commencement de son consulat, avait déjà fait ressentir les effets consolans de son génie bienfesant. Il s'occupait tout-à-la-fois et de fermer les plaies encore saignantes de nos divisions intestines, et de rappeler la victoire sous les drapeaux de nos armées, repoussées sur presque tous les points. Son retour en France ne nous surprit pas moins qu'il n'avait surpris l'Europe et contrarié les Anglais. Nous en recevions les premiers bienfaits, puisque à peine à la tête du gouvernement, Bonaparte voulait rassurer l'armée d'Egypte et lui envoyer des renforts. En effet, le citoyen Latour nous annonça qu'il se préparait une expédition maritime.

Les détails que nous eûmes ensuite dans les journaux nous firent entrevoir un avenir plus heureux et plus brillant pour notre pays, prêt à tomber de nouveau sous le régime révolutionnaire, si Bonaparte ne l'eût remplacé par celui des talens, du génie et de la douceur. Epoque fortunée ! combien de malheurs l'historien devra tracer avant d'arriver à toi !

Des nouvelles aussi agréables m'auraient causé un sommeil bien paisible, si les insectes, dévorant sur les champs d'Aboukir les cadavres desséchés des Ottomans, ne m'eussent réveillé plusieurs fois. Le soleil levé, je parcourus la presqu'île ; je revis les positions des deux armées. Celle des Turcs semblait imprenable. La redoute derrière leur retranchement existait encore ; tout était conservé comme le jour même du combat, et l'œil, autour du village, en avant des fossés, près du fort, ne rencontrait que des membres dispersés. Ici je voyais un bras qui sortait de terre ; là, deux pieds, des têtes, des jambes au milieu d'une quantité de robes longues, de gibernes, de fusils, de sabres rouillés, de turbans et de dépouilles de toute espèce. Les rivages de la mer étaient sur-tout remarquables par la quantité incalculable d'ossemens qu'elle avait repoussés. Images de la destruction, que de pensées elles firent naître ! Rives malheureuses ! flotte infortunée de Bruies ! journée mémorable du 7 thermidor ! Aboukir ! ton nom se grave dans l'avenir ; si tes bords ont reçu les débris de nos vaisseaux, ils sont cachés par les corps des Ottomans ! Je quittai avec plaisir ce séjour trop fameux.

Nous partîmes d'Aboukir le soir, et arrivâmes après quelques heures à Alexandrie. Le *Thesée* ne paraissait plus, mais il ne tarda pas à revenir, et ce fut pour remettre le blocus.

Desaix voulut profiter du tems calme qui permettait un passage facile au boghaze du port d'Alexandrie ; et le 12 ventose, au lever de l'aurore, le brick marchand ragusais, *la Santa-Maria delle Grazie* et l'aviso *l'Etoile*, mirent à la voile. Sur le premier se trouvait le général Desaix avec ses aides-de-camp Savary, Rapp, Clément et nous ; sur l'autre, le général Davoust.

L'aviso l'*Etoile*, commandé par le capitaine *Roustan*, nous suivait en parlementaire. Les pilotes turcs nous guidèrent à la passe, et bientôt déployant nos voiles au vent, nous filâmes au large.

Adieu l'Egypte, adieu Musulmans ; nous n'emportons de votre pays que le souvenir des douleurs, des privations qui nous tourmentèrent sans cesse.

Français ! dont les manes reposent aux plaines d'Embabé, de Saléhieh, de Sédimaun, vous êtes morts pour vos parens, vos amis.... Vous vivrez dans l'histoire.

C H A P I T R E V et dernier.

Voyage. Les Anglais. Arrivée à Toulon.

L e vent de l'ouest soufflait avec force. Le 16 ventose nous aperçûmes des terres à notre avant. Tout nous fesait croire qu'elles étaient l'île de Candie ; nous fîmes en vain des efforts pour la doubler, et le 18 nous reconnûmes une erreur qui ne pouvait s'expliquer que par la rapidité des courans et la petitesse de nos bâtimens qui tenaient peu la mer. Les nouvelles terres que nous apercevions à notre réveil étaient l'île de Rhodes. Quelle dérive considérable nous avions faite ; et c'est peut-être cet incident qui nous empêcha de rencontrer les vaisseaux anglais qui apportaient l'ordre de rétablir la croisière et de recommencer les hostilités.

Nous passâmes devant la ville de Rhodes ; nous pouvions distinguer facilement la tour et le palais que les chevaliers de Malte occupaient autrefois , et qu'ils défendirent contre Soliman , les deux môles sur lesquels le colosse d'Apollon avait chacune de ses jambes.

Nous tournâmes l'île , qui a , à vue d'œil , seize lieues de long et six de large.

Près des îles de Carchi et de Piscopi, nous fûmes surpris par un calme inquiétant. L'horizon était obscurci ; des nuages noirs semblaient nous fermer le passage entre ces deux îles, des éclairs se dessinaient rapidement sur ce fond rembruni. Ces parages sont très-dangereux ; de tous côtés l'on ne voit que des rochers escarpés ; ceux qui bordent la côte méridionale de la Natolie, et qui n'offrent que des brisans affreux aux vaisseaux battus par la tempête. Nous ne fîmes pas une lieue dans toute la nuit, qui, trompant nos alarmes, se passa fort tranquillement. Le vent s'éleva avec l'aurore, et nous dépassâmes les deux îles de Carchi et de Piscopi.

Le 20 ventose, nous fîmes notre route en laissant au nord sur notre droite les petites îles de Nausio (Anaphe) et Santorini (Thera). La dernière est remarquable par l'apparition subite d'une autre petite île qui sortit des eaux en 1707. Le vent du nord souffla dans cette journée avec une force qui nous obligea de naviguer sous nos basses voiles. Il fallait absolument marcher, autrement nous nous exposions à nous voir jetés sur les côtes de Candie, qui étaient sous le vent à nous. Tout était en désordre sur notre bord ; Desaix dans un état affreux.

Il y avait sur notre bâtiment un commis aux vivres, qui s'était embarqué malgré tout le monde, en nous trompant tous. Il tomba malade, et le jour de ce coup de vent qui nous fit une voie d'eau et nous inquiéta si fort, il fut entièrement mouillé dans la chaloupe du bord où on l'avait établi pour l'isoler un peu des autres passagers. L'humidité ne contribua pas peu à empirer son mal, que la crainte nous fesait prendre pour la peste.

Nous perdîmes dans cette journée une

partie de nos poules, de nos canards, qui furent emportés par les vagues, qui à tout instant balayaient le pont.

Après avoir passé une partie de la journée dans cette cruelle alternative : « avons-nous, ou non, monté l'île de Candie ? » nous aperçûmes au vent à nous une autre île que nous reconnûmes pour celle de Cerigo (Cythera). Sa vue rendit le calme à nos esprits, parce qu'elle-même nous protégea des vents et des vagues qui nous venaient du fond de l'Archipel.

Notre voie d'eau était considérable ; on pompait presque toutes les heures. Il fallait y remédier. Nous apercevions le cap Matapan, le mont Teget, toujours couvert de neige. Desaix était épuisé par les convulsions et les efforts continuels du mal de mer : on résolut de relâcher à Coronne. Nous entrâmes dans le golfe qui porte son nom, et à la vue de nos pavillons parlementaires, des barques se détachèrent pour nous reconnaître. Nous annonçâmes que la paix était faite entre le Grand-Seigneur et l'armée d'Egypte, et demandâmes la permission de descendre à terre pendant le peu de tems qu'on emploierait à remédier à notre voie d'eau. On alla prendre les ordres du Bey.

Nous examinâmes la position de la ville ; elle est forte , bien bâtie et entourée de bonnes murailles. Trois cents Turcs l'avaient défendue contre deux mille Russes , qui ne purent la prendre.

Le lendemain , nous obtînmes la faveur de descendre ; on nous donna trois janissaires pour empêcher les habitans de communiquer avec nous. Nous trouvâmes à terre M. Sauvaise , français , qui s'empressa d'offrir au général Desaix tout ce qui pourrait lui être agréable. Desaix demanda une salade de laitue ; nous la dévorâmes.

Le 23 , le Bey voulut nous voir. L'entrevue se fit sur le bord de la mer. Mustapha était âgé ; il portait un costume très-riche : Desaix et lui s'entretinrent pendant quelques momens de la paix, de la guerre, et exprimèrent également le desir de voir l'ancienne intelligence rétablie entre les Turcs et les Français.

Le 25 , après avoir renouvelé nos provisions, nous prîmes congé du Bey. Les Grecs nous avaient vendu différentes marchandises, et dans plusieurs sacs remplis d'amandes, ils y avaient déposé des quartiers de boulets de fonte pour augmenter le poids. Les Grecs !....

Nous mîmes la proue sur Malte. Dans cette même journée, notre commis aux vivres malade mourut, et nous le jetâmes à la mer avec ses matelas, sa couverture et ses habits. Il n'avait heureusement point la peste.

Le vent nous favorisait. Nous avions déjà monté l'île de Malte, que nous n'avions cependant point aperçue, lorsque le vent sauta à l'ouest, et s'éleva avec une telle force, que, pour ne point perdre le chemin que nous avions déjà fait, nous fûmes obligés de mettre à la cape. Nous restâmes dans cette position pendant deux jours entiers. Ce que souffraient les passagers était inexprimable. Le troisième jour, nous reconnûmes les côtes de la Sicile, funestes à ces Français malheureux, qui, croyant y trouver l'hospitalité et des secours, n'y reçurent que la mort. Desaix était accablé ; un peu de repos l'aurait soulagé : l'homme de confiance du citoyen Hamelin, avait, disait-il, des amis à Sciacca, petite ville sur la côte méridionale ; nous y trouverions une rade et des rafraîchissemens ; il proposa d'aller y mouiller. J'avoue que l'exemple récent de la fin abominable de l'ordonnateur Sucy, me fesait redouter un semblable mouillage ; mais la majorité l'emporta sur moi, et l'on se moqua de mes terreurs.

A peine avions-nous jeté l'ancre devant la ville de Sciacca, que les batteries tirèrent sur nous à boulet, quoiqu'ils dussent distinguer facilement nos pavillons parlementaires. Ce début promettait, et tout en redoutant les effets de la mauvaise humeur des Siciliens à la simple vue de nos trois couleurs, j'éprouvai intérieurement un certain contentement de voir que les habitans de Sciacca paraissaient vouloir réaliser mes soupçons.

On s'empressa sur les deux bords de mettre les canots à la mer, et de les envoyer à terre. Le capitaine Ragusais revint ensuite nous annoncer qu'il avait été reçu à merveille, qu'il avait laissé à terre l'homme de confiance du citoyen Hamelin pour faire des provisions fraîches, et que nous aurions bientôt tout ce que pouvaient desirer des estomacs délabrés et fatigués. On se moqua encore de moi.

Vers les trois heures après midi , le citoyen Hamelin , ne voyant point revenir le second canot , qui était à terre depuis le matin , voulut aller lui-même s'informer de ce qui pouvait le retenir ; je m'embarquai avec lui pour la curiosité de connaître Sciacca , et pour la satisfaction de pouvoir dire : « J'ai « été en Sicile ».

Nous arrivâmes près d'un mauvais mole , qui se prolongeait dans le port ; il était couvert de sentinelles , ressemblant par leur costume et leurs figures à ces brigands dont les romans nous ont si bien dépeint les forfaits et l'esprit vindicatif. Le peuple était monté sur les toits des maisons et couvrait le rivage. De loin nous n'avions supposé d'autres motifs à ce rassemblement que la nouveauté de la circonstance.

Lorsque nous abordâmes , un caporal , le plus affreux de tous les caporaux du monde, nous cria d'une voix rauque : « *a terra , si-* « *gnori , a terra* ». — « Ah ! Ah ! dis-je au « citoyen Hamelin , voilà une réception ef- « fectivement fort encourageante ; mais ré- « pliquai-je à ce butor , en italien : si nous « voulons rester dans le canot , n'en sommes- « nous point les maîtres ? » — *No , signori,*

« *no*, *a terra*, tels sont mes ordres, me ré-
« pondit le brutal », et nous dûmes, malgré nous, aborder le mole où nous trouvâmes l'homme de confiance du citoyen Hamelin, ne sachant trop que penser du rôle
qu'on lui fesait jouer depuis plusieurs heures. Il n'avait pu voir ses amis, qu'il nous
avait tant vantés ; on leur avait défendu de
l'approcher.

Cette situation commençait à devenir embarrassante, lorsque nous vîmes arriver les
autorités de Sciacca, qui ne démentaient
point la garde nationale. Le président ou
maire, portant la parole, nous demanda,
avec insolence, nos passe-ports. Le citoyen
Hamelin s'empressa de lui rapporter que
nous venions d'Egypte, que nous la quit-
tions en vertu d'une convention faite à El-
A'rych avec le Grand-Visir ; qu'enfin nous
avions avec nous un officier anglais chargé
de veiller à ce que nous fussions respectés,
tant par les vaisseaux de son Gouvernement,
que par ceux de ses alliés. Vos passe-ports,
répliqua *l'aimable président* : j'allai les chercher. Je fis faire diligence au canot, car j'a-
vais fort bien remarqué que le *bon peuple*,
assis sur les toits des maisons, nous lançait

des pierres de tems en tems, et qu'à chaque fois elles tombaient toujours plus près de nous.

J'arrivai à mon bord. On était à dîner. Je semai l'alarme en rendant les discours des autorités de Sciacca, les menées de la garde nationale et des habitans. L'aide-de-camp du général Murat, Colbert (1), parlait anglais, il emmena l'officier de cette nation qui était avec nous, et ils retournèrent ensemble près du citoyen Hamelin; la nuit approchait, et personne ne revenait. Desaix était de mauvaise humeur, et pensait déjà au parti qu'il devait prendre si le même soir on ne lui rendait pas ses compagnons de voyage. Il ordonna aux hommes estropiés qui composaient la garnison des deux bâti-mens, marchant de conserve, de nettoyer leurs armes, et de se préparer en cas de besoin. Chaque soldat mettait un zèle qui ne pouvait s'expliquer que par la haine que nous inspiraient les Siciliens, et le desir de sauver Desaix. L'aviso parlementaire tira ses pièces de la cale, et les mit sur le pont.

____

(1) Obligé de rester en Egypte par suite de ses blessures, il n'avait pu partir qu'avec le général Desaix.

Desaix voulait prendre Sciacca ; mais **en** supposant que nous eussions réussi dans cette téméraire entreprise, quel en eût été le résultat? nos camarades eussent été massacrés. Tel était le premier projet. Le second consistait à armer la grande chaloupe du bord avec un canon de trois, de la faire monter par des grenadiers, et d'aller dans cet état réclamer nos prisonniers. Cette ambassade devait être accompagnée d'une lettre aux autorités siciliennes, dans laquelle le général devait leur annoncer : « qu'il mettait « à la voile pour se rendre à Naples auprès « de l'amiral Nelson, et qu'il se plaindrait « à lui du peu de respect qu'on accordait « aux passe-ports du commodore Sidney- « Smith, et au pavillon anglais ». Ce parti était le meilleur, nous allions l'exécuter, lorsque nous vîmes revenir nos canots. Le capitaine Ragusais avait reçu une pierre sur la tête, et l'officier anglais lui-même avait été insulté. Il avait parlé avec vigueur aux habitans de Sciacca, les avait menacés si à propos, qu'ils s'étaient vraiment effrayés et avaient consenti à nous laisser partir, moyennant une rétribution de quatre-vingt-dix piastres pour quelques laitues et bottes de carottes. Je demandai à mes camarades, le danger passé, si j'avais eu tort de m'effrayer d'un semblable mouillage, et si nous avions lieu de vanter l'accueil que nous avaient fait les habitans de Sciacca. Peut-être que sans l'officier anglais, l'espoir d'un riche butin qu'on nous supposait rapporter avec nous, aurait amené une seconde répétition du massacre des Français à Augusta.

Le lendemain, à la pointe du jour, nous mîmes à la voile; nous perdîmes bientôt de vue la Sicile, reconnûmes la Pantelaria; ensuite les caps de la Sardaigne; nous remontâmes sa côte orientale, ainsi que celle de la Corse. Nous ne fîmes pas une seule rencontre d'un bâtiment, et nous arrivâmes dans la nuit, après plusieurs jours de marche, en vue des bords chéris de la France. Au jour, nous nous trouvâmes enveloppés dans une brume qui ne nous permettait pas de distinguer à un quart de lieue devant nous. Ce tems était sûrement le plus favorable à des Français, qui, revenant sans passe-ports anglais, auraient voulu tromper la vigilance des croisières. Les destins voulurent qu'au moment où nous nous réjouissions d'avance du plaisir d'entrer à Toulon, nous donnâmes dans une frégate anglaise. Par le tems qu'il fesait, la voir et être dessus fut l'affaire d'un instant. La frégate nous tira et mit en panne. Nous imitâmes sa manœuvre. La pluie tombait alors, mais le plaisir de voir une frégate anglaise dont nous ne redoutions point la rencontre, fit oublier les douleurs aux malades, et Desaix monta sur le pont, quoique la mer fût grosse, et notre bâtiment d'autant plus agité qu'il ne gouvernait plus.

La frégate envoya un canot à notre bord : notre officier anglais parlementa, et lui annonça en vertu de quelle convention nous rentrions en France. L'officier du canot nous donna à la hâte quelques nouvelles; il nous annonça que le bâtiment qui nous arrêtait était la *Dorothée;* que la *Reine Charlotte,* vaisseau à trois ponts que montait l'amiral Keith, avait sauté dernièrement près de l'île de Gorgonne; que nous étions battus sur tous les points en Italie, et le général Massena renfermé dans Gènes. Après ces discours, il resta convenu entre les deux officiers anglais que si le commandant de la *Dorothée* nous laissait continuer notre route

on amènerait à son bord le pavillon qui flot-
tait à sa poupe.

Le canot s'éloigna, et l'officier alla rendre
compte à son capitaine des motifs de notre
voyage. Quelques minutes après on amena
le pavillon anglais, et comme c'était le signal de notre liberté, nous déployâmes nos
voiles..... Notre joie fut courte, la frégate
hissa de nouveau ses couleurs, et nous arrêta par un coup de canon. Nous remîmes
en panne, et bientôt les Anglais nous ama-
rinèrent. Cette disposition ne peut regarder
que les bâtimens en guerre; nous étions parlementaires; nous revenions en exécution
de la convention d'El-A'rych; c'était violer
un de ses articles, que de nous faire prisonniers. Telles furent, à-peu-près, les observations succinctes que fit par écrit Desaix au
commandant de la *Dorothée*. Celui-ci répliqua que les croisières anglaises avaient reçu
commission de l'amiral Keith d'arrêter tous
les bâtimens français revenant d'Egypte; que
c'était à Livourne, auprès de cet amiral,
qu'il allait nous conduire, ce qui nous don-
nerait la facilité de nous expliquer avec lui.
Dans notre malheur, et d'après cet avis,

nous nous estimâmes encore fort heureux de ne point aller à Mahon, persuadés que l'amiral Keith traiterait, avec tous les égards commandés par les convenances, le général Desaix rentrant en France en vertu d'une convention faite par lui-même avec la médiation du plénipotentiaire de sa Majesté Britannique.

Pendant toutes ces discussions, et qu'on nous amarinait, la brume se dissipa, et nous découvrîmes les îles d'Hières à trois lieues devant nous. Nous pouvions même fort bien distinguer la Croix des Signaux. Cette action déloyale, cette violation évidente du droit des gens, nous exaspéra contre les Anglais ; nous devions bientôt avoir plus sujet encore de nous en plaindre.

Dans trente-cinq heures nous fûmes à Livourne. Lorsque les Anglais, qui conduisaient et manœuvraient notre bâtiment, nous eurent assuré que l'amiral Keith était encore dans le port, nous conçûmes un peu d'espoir, fondé sur la confiance que nous inspiraient son grade et les pouvoirs dont il est revêtu.

Nous mouillâmes au milieu de nos ennemis. La quantité de bâtimens marchands qui entraient et sortaient était inconcevable. Il arrivait sûrement plus de cent voiles par jour au port de Livourne.

A peine mouillés, Desaix écrivit à l'amiral Keith. Il se passa trois jours sans qu'il reçût de réponse.

Pendant ce tems, la nouvelle de notre arrivée avait parcouru Livourne. La garnison en était Autrichienne, et le nom de Desaix avait signalé plusieurs combats sur les bords du Rhin. A ce nom craint, mais respecté, les officiers de la garnison autrichienne vinrent dans des barques, en grande tenue, s'informer de la santé du général Desaix ; ils exprimèrent le regret qu'ils avaient de ne pouvoir communiquer avec lui, et lui offrirent néanmoins tout ce qui pourrait adoucir sa position désagréable. Cette conduite, qui contrastait si fortement avec celle des Anglais, nous attendrit tous. Desaix remercia les officiers autrichiens avec cette dignité et cette douceur qui lui étaient naturelles. Les Autrichiens, après avoir également demandé des nouvelles du général Kléber, se retirèrent sans même nous parler des victoires nombreuses qu'ils avaient remportées sur nos armées en Italie.

Cette démarche décente, noble et franche
était la critique de celle indigne de l'amiral
Keith, qui poussa la sottise et l'orgueil jusqu'à nous faire ôter nos voiles et notre gou-
vernail : la plus grande humiliation qu'on
puisse faire subir à un bâtiment prisonnier.

L'amiral Keith mit à la voile pour se
rendre sur les côtes de Gênes. Desaix était
furieux de n'avoir point de réponse et de
ne pas se voir traiter avec l'égard, non-
seulement dû à son rang, mais au nom distingué qu'il portait. Dans une conversation
qu'il eut à cet égard avec le général Davoust,
ce dernier lui suggéra de s'évader en Corse
sur la chaloupe du bâtiment. Ce conseil était
d'une exécution difficile ; mais il flattait
l'imagination de Desaix, et il se crut libre
un moment. A une certaine heure de la
nuit, nous devions surprendre les Anglais
sur notre bord, les menacer de la mort,
s'ils criaient, et de les faire descendre à
fond de cale ; ensuite Desaix devait s'embarquer sur la chaloupe, qui ne pouvait
contenir plus de neuf personnes, y compris six matelots pour ramer, et s'échapper
ainsi. Quoique nous fussions au milieu des
vaisseaux anglais, ils avaient encore la pré-

caution superflue de faire faire des rondes
continuelles autour de nous. Cet obstacle
n'arrêtait point Desaix, mais il ne pouvait
emmener tous ses aides-de-camp, et aucun
ne voulait rester. Nous lui représentâmes
ensuite combien il nous exposait aux mauvais traitemens des Anglais, sur-tout après
avoir violenté ceux qui nous avaient ama-
rinés. Notre position eût été très-critique,
et ces différentes observations finirent par
déterminer Desaix à abandonner un projet
qui l'avait d'abord séduit, mais qui, de sang
froid, était inexécutable.

Après le départ de l'amiral Keith, nous
reçumes une lettre qui nous annonçait que
c'était d'après les ordres de la cour de Londres que nous étions arrêtés ; qu'il lui avait
expédié un courrier ; qu'en attendant nous
ferions notre quarantaine à Livourne, et
qu'il s'empresserait de nous instruire des
nouveaux ordres qu'il pourrait recevoir.

Le lendemain, nous descendîmes au troisième lazareth, et nous y passâmes vingt-
neuf jours. Celui de notre installation dans
cette maison, le capitaine qui commande
l'établissement vint nous apprendre que le
consul anglais nous avait accordé vingt sols

par jour pour notre nourriture, sans distinction de grades, et conformément à
notre système d'*égalité*.

Cette fois, Desaix se fâcha, et me chargea
de répondre au capitaine du lazareth qu'il
ait à répéter au consul anglais « que sa pro-
» position était de la dernière insolence ;
» que s'il avait besoin d'argent, nous lui
» en donnerions, et qu'il n'avait qu'à s'oc-
» cuper seulement de la subsistance de nos
» soldats ». Il est difficile de mettre plus
de recherche et de goût en fait d'humiliation. Un jour peut-être, disions-nous, ar-
rivera le moment de la représaille ; nous
les aurons en notre pouvoir.... Eh bien !
le Français est et sera toujours généreux ;
et loin de les humilier, nous adoucirons
encore leurs peines.

Quand nous fûmes habitués à notre nouvelle demeure, nous cherchâmes à nous
égayer. J'étais le plus jeune de la société :
Desaix m'avait, en route, nommé *officier
des signaux* ; au lazareth, il me nomma
Edile des jeux de la prison. Je fis donc ré-
paraître tous les plaisirs du collége. Nous
jouïons au diable boiteux, à la poêle, à la
marenne, au loup, etc. Enfin, nous étions

devenus de francs collégiens. Quelquefois nous fesions des siéges, et nous cassions nos portes et nos fenêtres. Desaix commandait un corps, et le général Davoust l'autre.

Le soir, avant la nuit, on venait nous enfermer dans nos chambres, Desaix avait un cabinet pour lui seul, et nous étions dix dans les deux chambres voisines. Nos hamacs étaient par terre, et fesaient l'ornement de nos tristes appartemens. Souvent, avant de nous endormir, notre Général fesait éteindre toutes les lumières, et chacun devait compter des histoires de voleurs et de revenans. Elles nous divertissaient beaucoup, et les plus horribles étaient les plus gaies.

Quelquefois la conversation s'établissait sur différens points de morale, d'histoire ou de physique, et Desaix nous prouvait qu'il était aussi instruit que bon militaire. Pendant notre détention, il partageait toujours nos plaisirs, appaisait les querelles, adoucissait nos chagrins. Il aimait beaucoup les femmes, et en parlait souvent; il avait des idées fort originales sur elles, et je me rappelle qu'un jour il me disait : « Oui, si

» unefemme m'aimait tendrement, je ne
» voudrais jamais lui demander ce qu'elle
» laisse prendre avec tant de plaisir, après
» une défense souvent simulée ; je voudrais
» au contraire qu'elle vînt me dire : je t'ai
» promis mes faveurs, si tes actions me
» prouvaient la beauté de ton ame, ton
» amour pour la gloire; tout ce que tu fe-
» sais pour elle, tu le fesais pour moi ;
» viens, je suis contente de ton amour, re-
» çois-en la récompense ».

Desaix n'estimait point les femmes, il les
aimait ardemment ; il les aurait estimées
toutes, si une seule lui eût offert la chimère dont il berçait son imagination.

Nous apprîmes, dans notre quarantaine,
la perte du *Guillaume - Tell*, pris dans le
canal de Malte.

Enfin, le jour de notre sortie, et je crois
le 29e. de notre détention, nous fûmes
fort étonnés de voir arriver parmi nous l'adjudant-général Cambyse, et le citoyen Poussielgue ; ils revenaient d'Egypte ; voici ce
qu'ils nous rapportèrent.

Deux jours après notre départ d'Alexandrie, le Thésée était revenu dans le port, et

avait annoncé qu'il avait ordre de rétablir la croisière et de fermer les communications extérieures.

On se rappelle ce que j'ai dit sur la disposition qu'avait prise le cabinet de Londres, de ne consentir à l'évacuation de l'Egypte, qu'au cas où l'armée française se rendrait prisonnière de guerre. L'amiral Keith avait écrit en conséquence une lettre fort remarquable au général Kléber. Ce fut avec regret sans doute que le commodore Sidney Smith la lui transmit. Kléber mit la lettre insolente de l'amiral Keith à l'ordre de l'armée, et n'ajouta pas autre chose à son contenu que de dire, en des termes différens, que la réponse était au bout de nos baïonnettes. On battit la générale, l'armée se rassembla dans la plaine de Lacoubée ; les troupes Ottomanes, en conséquence de la convention d'el-A'rych, s'étaient emparées de Belbeis, elles s'avançaient pour entrer dans le Caire, heureusement que l'armée ne l'avait point encore quitté.

Les deux armées en présence, un combat de peu de durée, décida une troisième fois du sort de l'Egypte, et une troisième fois la bataille d'Héliopolis reconquit notre conquête.

Le commodore Sidney Smith avait, immédiatement après le traité, informé sa cour de son exécution. Il ne put arrêter ni diminuer la sévérité des nouveaux ordres que lui donna l'amiral Keith. Le cabinet de Londres, bientôt instruit de l'heureuse réussite de la négociation entamée, sous les auspices de son plénipotentiaire, consentit entièrement à son exécution. Il était trop tard, et l'armée Ottomane était chassée dans les déserts.

Ce fut donc en vertu de cette dernière disposition que nous pûmes retourner en France. L'adjudant-général Cambyse et le citoyen Poussielgue s'étaient embarqués à bord de la frégate anglaise qui avait porté les ordres de l'amiral Keith. Ils étaient chargés de le voir et d'avoir une explication sur cette vacillation continuelle dans les mesures du gouvernement anglais. Ils avaient trouvé l'amiral Keith devant Gênes, et celui-ci leur avait répondu que l'évacuation allait avoir lieu, conformément au traité d'el-A'rych. Il n'était plus tems. Voilà la cause des malheurs sans nombre qui accablèrent par la suite l'armée d'Egypte.

Nous remontâmes les mèmes bâtimens qui nous avaient amenés. Le marchand avait été déchargé ; les marchandises étaient en litige, et l'amirauté anglaise devait déclarer si elles étaient de bonne ou mauvaise prise. En attendant la décision, elles restèrent au Lazareth.

Nous quittâmes Livourne plus gaiement que nous n'y étions entrés ; nous pouvions espérer encore que l'évacuation aurait toujours lieu, et que les hostilités n'auraient point encore ensanglanté l'Egypte.

Nous abordâmes les côtes près Fréjus ; là, à la pointe du jour nous fûmes chassés par trois bâtimens. Deux sur notre droite étaient moins éloignés, et le troisième à notre arrière. Nous n'augmentâmes point de voiles ; qui pouvions-nous redouter ? L'événement put nous convaincre que notre sécurité n'était pas fondée.

Les deux bâtimens de droite, bons voiliers, nous joignirent bientôt. A la portée du canon, ils brûlèrent une amorce ; nous mîmes en panne, et bientôt nous nous trouvâmes entre deux barbaresques. C'est ici

22..

que les inquiétudes de tout genre vinrent nous assaillir. Les passe-ports anglais et du Grand-Visir ne nous paraissaient pas des sauf-conduits assez puissans. L'appareil des équipages des deux corsaires était horrible ; les matelots étaient à leurs manœuvres et tenaient leurs sabres dans les dents. Les canonniers à leurs pièces n'attendaient qu'un signal pour nous foudroyer. Le capitaine du Ragusais alla à bord ; il ne voulait point monter , afin de nous éviter une seconde quarantaine. (C'était à nos esprits le moindre inconvénient.) On le menaça de manière à le déterminer promptement ; il entra dans la chambre du commandant , lui montra son passe-port. Le Bey , après l'avoir lu , lui dit qu'il ne signifiait rien , et que , quand ils seraient à Tunis , les Français , qui montaient son bâtiment , s'expliqueraient avec la Régence. Voilà l'affreux propos que nous rapporta notre capitaine et qui nous consterna tous. Quoi ! être pris une seconde fois en vue des côtes de France , et pour être esclaves toute la vie peut-être ! Quelle perspective ! Ce que nous souffrions dans cet instant ne saurait se rendre. Le silence général qui régnait sur notre bord ,

exprimait assez les angoisses qui nous tourmentaient.

Le capitaine de l'aviso se rendit également à bord du chebeck turc. On le força
également à monter. Avec quelle agitation
nous attendions qu'il sortît. Enfin, il prend
un porte-voix, et nous crie ces paroles ad-
mirables : « Le capitaine est de mes amis,
« je prends une tasse de chocolat avec lui,
« et nous allons faire notre route ». Alors
nous sautâmes comme des fous, le sourire
remplaça l'air triste qui obscurcissait notre
figure et le babil succéda au silence. Nous
fesions mille folies, et telle était notre mé-
fiance continuelle, que ne comptant plus
sur la justice de nos droits, nous nous es-
timions fort heureux, qu'on nous laissât
faire ce qu'on n'avait point le droit d'empêcher.

Le capitaine Roustant vint nous annoncer, qu'ayant fait autrefois la guerre sur
les côtes de Barbarie, il avait beaucoup
connu le commandant des deux chebecks
turcs, qu'il lui avait même rendu quelques
services, et qu'en cette considération il avait
consenti à nous laisser partir, sur-tout après

avoir connu les détails de la convention d'el-A'rych.

A peine étions-nous débarrassés des Barbaresques, que le brick anglais qui nous joignait pendant notre halte, nous voyant mettre à la voile, nous tira un coup de canon. Nous mîmes de nouveau en panne. Nous devions croire vraiment que nous n'arriverions jamais en France.

Le commandant du brick anglais nous déclara, après avoir vu les passe-ports de l'amiral Keith, qu'il nous avait reconnus de très-loin, et que, craignant que les Barbaresques ne voulussent nous emmener, il avait coulé bas un petit bâtiment français, pris par lui la veille, afin de venir à notre secours. Il avait en outre hissé son plus grand pavillon à son plus grand mât, afin que, distinguant plus facilement ses couleurs, l'asurance d'un prompt secours, nous donnât l'idée de nous défendre pendant quelques instans.

Autant la conduite de l'amiral Keith nous avait révoltés, autant je dois rendre justice ici à la bonne intention de l'officier commandant le brick anglais.

Enfin, après tous ces délais, nous entrâmes dans la rade de Toulon, le 4 floréal an 8, ce qui fesait pour moi une absence de deux années moins vingt-six jours.

Lorsque nous fûmes ancrés, on nous fit descendre au Lazareth. Nous y passâmes vingt-cinq jours. Pendant ce tems, qui nous parut encore bien long, nous reçumes beaucoup de visites et des lettres de nos parens.

Desaix en reçut une de Bonaparte. Elle l'attendrit vivement. Le premier consul y peignait les chagrins qui entourent les grandes places, et l'engageait à se rendre sur-le-champ près de lui. Desaix nous disait, avec sa voix douce et modeste : *ce pauvre Bonaparte, il est couvert de gloire, et il n'est pas heureux.* Puis, lisant dans les journaux la marche de l'armée de réserve, il s'écriait : *Il ne nous laissera rien à faire!*

Le 29 floréal, nous sortîmes de quarantaine. Le surlendemain nous étions à Marseille. Desaix en partit pour l'Italie, où, du sacrifice de sa vie à Marengo, il scella la paix avec l'Autriche.

Les voyageurs se dispersèrent tous.

J'arrivai en moins de huit jours à Paris, et j'eus le bonheur de retrouver ma famille bien portante. On m'avait cru mort , on m'avait pleuré , on pleura de nouveau , mais ces larmes étaient douces ; c'étaient celles de la joie pure, que cause la vue d'un enfant que l'on croyait perdu pour toujours.

ERRATA.

Pages 53 , *lign.* 1re , Balbeis , *lis.* Belbeis.

   63 , *lign.* 14 , mord , *lis.* mors.

   82, *lig.* 5 , d'un régiment, *lis.* d'un détachement.

  145 , *lign.* 9 , le côté , *lis.* la côte.

  186 , *lign.* 14 , dehabiller , *lis.* déshabiller.

  197 , *lign.* 1re , se retirer , *lis.* le retirer.

  199 , *avant dernière ligne* , étaient , *lis.* était.

  227 , *lign.* 14 , après deux assauts , *lis.* après les deux assauts.